Riccardo Bonomi

LA CHIMICA CON I MATTONCINI LEGO®

Percorso didattico innovativo per l'insegnamento della chimica

BONOMI EDITORE

Via Corridoni 6a
27100 Pavia
ISBN 978-88-85750-04-3

INDICE

Prefazione

Affrontare un ambito scientifico solitamente *hard* nell'immaginario, quale la chimica, con una modalità ludica può apparire fuori luogo o un tentativo di semplificazione e invece arrivi alla fine del volume e ne esci affascinato.

La proposta che l'autore fa si fonda su una solida competenza teorica, unita a una pratica didattica validata nel corso di una lunga carriera che non mi sembra aver spento entusiasmo e passione per l'insegnamento come emerge dal testo.

Il lavoro si presta a essere facilmente fruibile da colleghi, in quanto ogni attività è presentata secondo uno schema chiaro e puntuale, corredata da schede di lavoro per l'alunno e indicazioni operative sia per l'utilizzo che per la valutazione.

Imparare la chimica con i mattoncini può diventare sì un "gioco da ragazzi" da un lato attraente, ma anche molto istruttivo in quanto consente di sviluppare le capacità di pensiero e di ragionamento migliorandone l'interesse e la riuscita.

Un altro elemento che rende questo volume valido è dato dalla gradualità delle proposte con una prospettiva inclusiva, infatti le attività non solo sono organizzate in modo graduale per complessità ma anche per tipologie di alunni, nello specifico troviamo anche attività per alunni gifted che non sempre vedono soddisfatti i loro bisogni di conoscenza.

L'appendice consente inoltre di dare operatività alla richiesta che negli ultimi anni la scuola sta avanzato, quale quella di presentare contenuti che trovino riscontro e applicazioni nel contesti reali, integrando contenuti, conoscenze e stili di apprendimento in competenze. Infine l'UDA presentata corredata da strumenti trasversali capaci di integrare le dimensione cognitiva e psicosociale che entrano nel processo di insegnamento-apprendimento rappresenta un ottimo esempio ben riuscito di didattica per competenze.

Prof.ssa Maria Assunta Zanetti
Laboratorio Italiano di Ricerca e Intervento sullo Sviluppo del Potenziale del Talento e della Plusdotazione dell'Università degli Studi di Pavia

Premessa

Per un insegnante della scuola secondaria di prima grado non è facile spiegare argomenti che hanno a che fare con l'infinitamente piccolo o l'infinitamente grande.

In particolare lo studio della chimica presenta non poche difficoltà in quanto gli alunni devono ragionare su elementi teorici che non hanno una corrispondenza visiva e tattile. Anche i semplici esperimenti che raramente si possono svolgere in classe non sono molto efficaci rispetto a quando si ha la possibilità di manipolare dei modelli.

È così che è nata l'idea di proporre un'attività dedicata agli elementi chimici utilizzando un gioco che tutti i ragazzi conoscono: i mattoncini LEGO®.

Oltre ai kit educativi "ufficiali", in rete si possono trovare molti utilizzi didattici dei mattoncini, dallo storytelling allo studio delle frazioni; qualcosa di chimica è presente ma nelle mie ricerche non ho trovato niente che facesse al caso mio come insegnante.

Vedevo la necessità di individuare una regola che potesse dare un valore aggiunto all'utilizzo di questi modelli permettendo di acquisire la competenza nella realizzazione dei composti chimici.

Ho quindi strutturato un percorso innovativo originale assemblando un kit di mattoncini ad hoc e preparando una tavola periodica degli elementi "aumentata".

Per permettere agli alunni di avere chiara la situazione degli atomi, la tavola periodica degli elementi presenta affianco ai simboli chimici la rappresentazione del corrispondente mattoncino. Quindi mattoncini di diversa forma e colore identificano i diversi atomi.

Imparando a leggere e interpretare correttamente la tavola si possono capire le valenze degli atomi e di conseguenza il loro comportamento quando si trovano a contatto con altri.

Dopo una prima fase di studio teorico, è possibile effettuare con successo lavori di gruppo, dove il contributo del cooperative learning consente a tutti gli alunni di raggiungere livelli di competenze migliori rispetto a un insegnamento tradizionale.

Quello che i ragazzi assemblano infatti è un oggetto reale, che essi possono toccare e che si realizza solo se la procedura è corretta.

Dopo un primo impatto nel quale pensavano che fosse un semplice gioco, gli alunni hanno capito la complessità dell'argomento ma anche la logica e la semplicità che deriva dalla modellizzazione con questa modalità.

Esistono comunque dei limiti in questa semplice didattica come l'impossibilità di gestire le valenze multiple o di approcciare allo stesso semplice modo la chimica organica.

Avendo presente però i confini in cui ci si può muovere riusciamo in ogni caso a stimolare competenze metodologiche importanti che servono per affrontare problemi e trovare soluzioni.

Un po' di teoria

Gli atomi e la tavola periodica degli elementi

La formulazione della tavola periodica ha rappresentato un momento fondamentale per la storia della chimica. All'epoca del suo ideatore Dmitrij Mendeleev (seconda metà dell'ottocento) non si conosceva la struttura dell'atomo in quanto non erano stati ancora scoperti i protoni, gli elettroni e i neutroni. Adesso che ne conosciamo la composizione riusciamo a capire perché alcuni elementi hanno proprietà simili e perché si può comprendere una periodicità delle loro proprietà.

Se impariamo a leggere la tavola in modo corretto possiamo ricavare molte informazioni sulle caratteristiche degli elementi.

Sapendo che il nucleo atomico è composto da protoni e neutroni, l'attenzione per capire il comportamento degli atomi è rivolta agli elettroni che ruotano intorno al nucleo disponendosi in regioni dello spazio chiamate orbitali.

La forma e la modalità corretta di riempimento degli orbitali risulta troppo complessa rispetto al percorso di studi del ciclo scolastico che stiamo considerando. Pertanto dovremo semplificare l'argomento concentrandoci sulla configurazione esterna degli atomi e sulla regola dell'ottetto. Essa afferma che tutti i sistemi chimici o fisici tendono ad avere la minima energia possibile e solo quando l'hanno raggiunta sono stabili. Quando un atomo ha otto elettroni negli orbitali più esterni si dice che ha un ottetto e quindi un'alta stabilità, se non è così tenderà a raggiungere questa configurazione.

Per capire come è strutturata la tavola periodica dobbiamo considerarla una tabella ordinata secondo righe e colonne.

Nelle righe vengono indicati gli atomi con un simbolo chimico con al di sopra il numero atomico Z (numero che indica quanti protoni vi sono nel nucleo e di conseguenza quanti elettroni vi sono negli orbitali) in ordine crescente da sinistra a destra. La riga va a capo e riprende a destra in modo da incolonnare gli atomi che hanno lo stesso numero di elettroni nell'orbitale più esterno.

Questa indicazione è importante in quanto un atomo può reagire con un altro a seconda degli elettroni che costituiscono la configurazione elettronica esterna. Non è quindi importante per il comportamento di un atomo il numero totale degli elettroni ma il numero di quelli dell'ultimo livello. Per esempio il calcio e il magnesio differiscono di otto elettroni ma, appartenendo alla stessa colonna, hanno la stessa disposizione elettronica più esterna e proprietà chimiche e fisiche molto simili.

Le proprietà chimiche di un elemento dipendono quindi dalla configurazione. Gli elementi della prima colonna tenderanno a cedere un solo elettrone, quelli della seconda colonna due elettroni e così via.

Più ci si avvicina alla fine della riga e più gli atomi tenderanno ad acquistare elettroni. Un elemento della sesta colonna tenderà ad acquistare due elettroni, uno della settima tenderà ad acquistarne uno.

Gli elementi dell'ultima colonna saranno invece stabili, non reagiranno con altri atomi tanto da assumere il nome di gas nobili. Essi infatti hanno completi gli orbitali più esterni e di conseguenza bassa energia e alta stabilità.

Le molecole

Quando due o più atomi si uniscono con un legame chimico si forma una molecola.

La formula chimica ci indica quali e quanti atomi fanno parte della molecola. Per avere la formula corretta di una molecola scriviamo i simboli dei vari elementi e alla destra in basso a ogni simbolo mettiamo un numero che ci dice quanti atomi di quell'elemento sono presenti. Scrivendo H_2O vogliamo indicare che una molecola di acqua contiene due atomi di idrogeno e un atomo di ossigeno. I simboli degli elementi che costituiscono al molecola si scrivono generalmente in ordine crescente di elettronegatività (attrazione che il nucleo esercita sugli elettroni di legame, crescente lungo le righe e decrescente lungo le colonne).

In base invece al potenziale di ionizzazione (energia necessaria per sottrarre da un atomo l'elettrone più esterno) gli elementi si dividono in metalli (basso potenziale, a sinistra della tavola) e non metalli (alto potenziale, a destra della tavola).

Questa suddivisione è importante per capire quali tipi di composti essi formeranno.

Quando si formano o si rompono legami chimici si dice che avviene una reazione chimica.

Due o più sostanze chiamate reagenti reagiscono tra di loro per formare una o più sostanze chimiche chiamate prodotti della reazione.

Ci possono essere reazioni di sintesi quando due o più atomi si uniscono tra loro per dare un'unica molecola oppure ci possono essere reazioni di sostituzione quando uno o più atomi in una molecola vengono sostituiti da uno o più atomi diversi.

Nelle reazioni vengono indicati i coefficienti, quei numeri cioè che messi davanti alle formule chimiche dei reagenti e dei prodotti indicano quante moli (nella nostra didattica saranno atomi!) reagiscono e si ottengono. Una reazione scritta con i giusti coefficienti viene detta bilanciata.

I composti della chimica inorganica

Si chiamano ossidi i composti binari formati dall'unione di atomi di ossigeno con atomi di un altro elemento.

Gli ossidi basici vengono formati dal legame tra un metallo e l'ossigeno come per esempio l'ossido di sodio Na_2O.

Gli ossidi acidi (o anidridi) invece sono formati da un non metallo legato all'ossigeno come per esempio l'anidride carbonica CO_2.

Gli idrossidi sono composti salini ternari costituiti da un metallo, ossigeno e idrogeno. Si formano quando un ossido basico si lega a una molecola d'acqua e sono caratterizzati dal gruppo idrossilico OH^-. Per esempio l'idrossido di sodio NaOH.

Gli acidi sono di due tipi: idracidi e ossiacidi.

Idracidi se composti binari di un non metallo con l'idrogeno come l'acido cloridrico HCl.

Ossiacidi se vi è un atomo di ossigeno tra l'idrogeno e il non metallo.

Si formano se reagisce un ossido acido con l'acqua. Per esempio l'acido carbonico H_2CO_3.

Un sale si ottiene dalle reazione di un acido e di una base, con eliminazione di una o più molecole di acqua.

Per esempio facendo reagire l'acido cloridrico con l'idrossido di sodio si ottiene cloruro di sodio e acqua. $HCl + NaOH = NaCl + H_2O$.

Oppure facendo reagire acido carbonico con idrossido di calcio si ottiene carbonato di calcio e acqua. $H_2CO_3 + Ca(OH)_2 = CaCO_3 + 2H_2O$

Schema dei composti della chimica inorganica

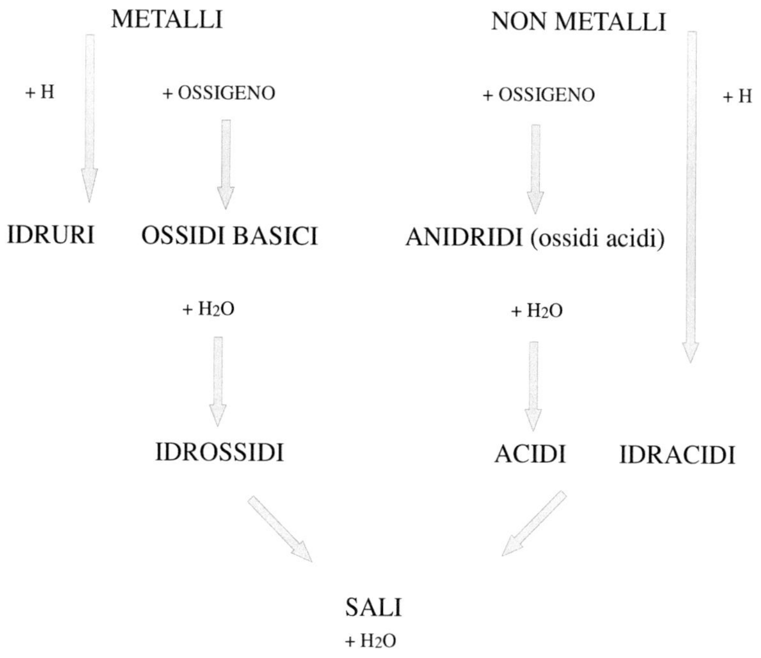

Descrizione del modulo

Condizione, problema e stimolo da cui nasce l'attività

Rendere consapevoli i ragazzi che gli atomi e le molecole sono oggetti reali che compongono ciò che ci circonda, rappresenta il punto di partenza per approfondire gli studi scientifici chimici e biologici.

Avere a disposizione dei modelli tridimensionali, che si possono manipolare, è quindi di estrema importanza per avere una visione intuitiva e logica della realtà.

La didattica qui proposta è frutto di un lungo lavoro per conciliare semplicità e regole, che fa tesoro delle osservazioni, necessità e difficoltà che sorgono nell'attività di insegnamento ai ragazzi.

Partendo dalle rappresentazioni bidimensionali si è cercata una rappresentazione tridimensionale che potesse essere efficace. La scelta è ricaduta sui mattoncini LEGO® in quanto consentono di potersi legare ad altri attraverso incastri personalizzabili a seconda delle diverse esigenze.

L'intuizione originale è stata quella di trasformare in tre dimensioni la struttura di Lewis. Tale rappresentazione consiste nel mettere ai quattro lati del simbolo chimico dell'elemento tanti puntini quanti elettroni vi sono negli orbitali più esterni.

Allo stesso modo abbiamo rappresentato ogni atomo non con il numero atomico ma con gli elettroni di valenza, quelli cioè contenuti nell'orbitale più esterno. Ogni elettrone viene individuato con un incastro e così gli atomi prendono forma grazie ai mattoncini da 1 a 8 incastri.

Per distinguere atomi con la stessa valenza basta utilizzare colori diversi, mostrando come le caratteristiche di legame siano simili.

Questo aspetto valorizza maggiormente la validità della tavola periodica degli elementi per avere un quadro generale logico e sequenziale degli elementi chimici.

Lo sviluppo del modulo consente di capire le caratteristiche degli atomi, come essi tendono a legarsi o non legarsi con altri atomi e i principali composti. Vengono realizzati ossidi, anidridi, acidi, idrossidi e sali.

Le schede proposte permettono di costruire molecole a partire dalle formule e viceversa ottenere le formule dal nome della molecola.

Prerequisiti richiesti ai ragazzi per svolgere l'attività

Possedere una competenza tecnica di lettura di un testo regolativo ed espositivo.

Saper utilizzare gli schemi cognitivi che consentono di percepire i rapporti di causa-effetto tra le azioni

Conoscere la struttura dell'atomo formato da protoni, elettroni e neutroni.

Finalità e obiettivi formativi

Le Indicazioni nazionali per il curricolo della scuola dell'infanzia e del primo ciclo d'istruzione del 2012 danno come obiettivo di apprendimento al termine della classe terza della scuola secondaria di primo grado:

- padroneggiare concetti di trasformazione chimica;
- sperimentare reazioni (non pericolose) anche con prodotti chimici di uso domestico e interpretarle sulla base di modelli semplici di struttura della materia;
- osservare e descrivere lo svolgersi delle reazioni e i prodotti ottenuti.

Il problema della sperimentazione in chimica è significativo; avendo come obiettivo principale la sicurezza dell'ambiente di apprendimento questa pratica è spesso disattesa in quanto le scuole non hanno spazi idonei per pratiche sicure di laboratorio.

Tali considerazioni sono alla base delle scelte compiute nel proporre questo modulo: concentrare l'attenzione sulle regole che stanno alla base dei legami per permettere di sviluppare nei ragazzi il senso critico migliorando quindi l'individuazione delle proprietà degli atomi utili per la combinazione di legami chimici e per la relativa formazione di molecole.

In particolare si vuole stimolare:

- la capacità di riconoscere gli elementi chimici come strutture con determinate caratteristiche;
- la consapevolezza del ruolo centrale che ha il numero degli elettroni nella formazione di legami;
- la capacità di visualizzare mentalmente atomi e molecole;
- la capacità di riflettere sulle proprietà degli elementi;

- la capacità di visualizzare oggetti tridimensionali a partire da rappresentazioni bidimensionali;
- la consapevolezza delle caratteristiche dei composti chimici.

Strumenti forniti agli allievi

Agli allievi saranno fornite cinque schede di lavoro alle quali seguirà quella di verifica (con l'opzione per obiettivi minimi).

L'insegnante dovrà predisporre una tavola periodica "aumentata" che contenga la rappresentazione dei mattoncini che corrispondono ai diversi atomi e dei kit contenenti i mattoncini necessari per costruire le molecole.

Le schede andranno fotocopiate e consegnate una per volta a ciascun allievo. Se l'insegnante ritiene di non poter svolgere il lavoro nel tempo indicato, potrà scegliere di utilizzare solo alcune schede. A seconda delle caratteristiche della classe e dei livelli di competenza, l'insegnante potrà decidere di utilizzare le schede delle ultime due attività come schede di verifica finale individuale di tutto il percorso. Si utilizzeranno entrambe le schede se la verifica è per gruppi di livello a obiettivi minimi e a obiettivi avanzati; se la verifica è unica per tutta la classe, il docente potrà utilizzare una delle due schede a scelta a seconda del livello della classe stessa.

Kit mattoncini suggerito per gruppo di 4 alunni

Il docente per svolgere l'attività dovrà organizzare un kit per gruppo composto dai diversi elementi.

Non sempre è facile reperire tutti i colori che si vorrebbero avere; suggeriamo così un kit avanzato con molti colori e uno base con solo quelli fondamentali. Ogni insegnante in base alla propria disponibilità predisporrà il proprio kit personalizzato.

Kit avanzato

n.20 basette basse 4x2 qualsiasi colore			
n.12 1x1 giallo idrogeno		n.12 2x2 blu carbonio	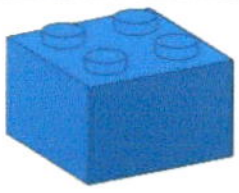
n.12 1x1 verde chiaro litio		n.12 2x2 marrone silicio	
n.12 1x1 azzurro sodio	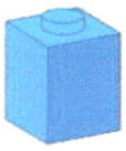	n.8 2x2 + 1x1 rosa azoto	
n.12 1x1 grigio chiaro potassio		n.8 2x2 + 1x1 grigio scuro fosforo	
n.8 2x1 viola berillio		n.12 3x2 rosso ossigeno	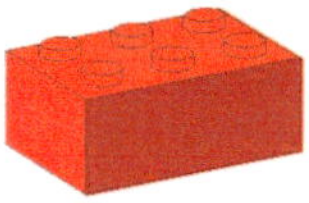
n.12 2x1 verde scuro magnesio		n.12 3x2 arancio zolfo	
n.12 2x1 nero calcio		n.8 3x2 + 1x1 verde oliva fluoro	
n.8 2x1 + 1x1 fucsia boro	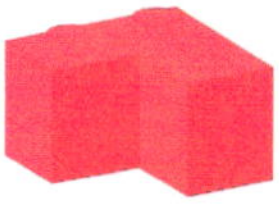	n.8 3x2 + 1x1 bianco cloro	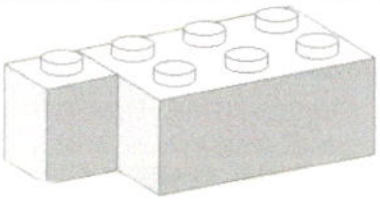
n.8 2x1 + 1x1 beige alluminio	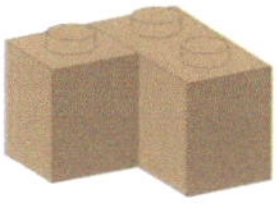	n.8 4x2 trasparente neon	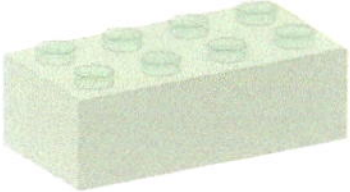

I mattoncini di numero dispari si possono realizzare affiancando un elemento da 1 a uno da 2, 4 o 6 incastri.

Kit base

n.20 basette basse 4x2 qualsiasi colore		n.12 2x1 nero calcio	
n.12 1x1 giallo idrogeno		n.12 2x2 blu carbonio	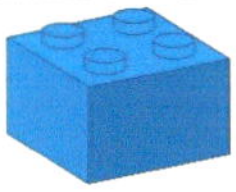
n.12 1x1 azzurro sodio	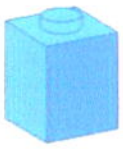	n.12 3x2 rosso ossigeno	
n.12 2x1 verde scuro magnesio	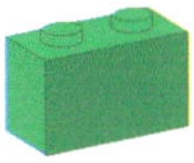	n.8 3x2 + 1x1 bianco cloro	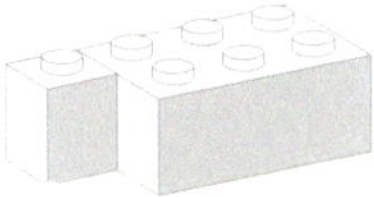

I mattoncini di numero dispari si possono realizzare affiancando un elemento da 1 a uno da 2, 4 o 6 incastri.

Organizzazione della classe e metodologia

L'attività è per lo più da svolgersi in piccoli gruppi prevedendo dei momenti di confronto fra di essi.

Le attività comportano la successione di momenti organizzativi e metodologici diversi:
- spiegazione frontale;
- lavoro in piccolo gruppo;
- risposta ai quesiti in coppia o in piccolo gruppo;
- socializzazione e discussione delle risposte;
- riflessione metacognitiva.

Nell'ambiente di apprendimento cooperativo e dinamico che si viene a delineare, il ruolo dell'insegnante è fondamentale:
- pone il quesito;
- invita alla ricerca delle possibili soluzioni;
- sollecita il problem solving;
- osserva le modalità con cui gli allievi procedono nello svolgimento del compito assumendo la funzione di facilitatore e di moderatore nelle situazioni di criticità;
- guida la discussione accogliendo anche gli errori o i fraintendimenti come indicatori dei processi compiuti;
- sollecita negli alunni l'acquisizione della capacità di motivare e spiegare ai compagni il perché delle scelte fatte.

Gli esercizi proposti ai ragazzi sono di diversa tipologia, per ogni attività sono previste domande aperte con risposta univoca o articolata, domande chiuse a scelta multipla, vero o falso e completamento. In tutti i casi i quesiti e gli esercizi hanno la funzione di stimolare e attivare strategie di comprensione. La messa in comune e la discussione delle risposte e delle scelte è un elemento fondamentale perché sollecita gli aspetti metacognitivi della comprensione, mettendo gli alunni nella condizione di diventare consapevoli e verbalizzare il perché delle proprie scelte. L'acquisizione di competenze avviene in un ambiente di apprendimento dialogico, inclusivo e corale.

Non solo le domande aperte sono funzionali a questo ambiente di apprendimento, anche le domande chiuse sono stimolo all'esplorazione, alla ricerca di soluzioni, allo sviluppo del pensiero logico e della capacità di ragionamento.

È fondamentale che il docente utilizzi le schede proposte come percorsi attivi di apprendimento per la classe e per ogni studente e non come schede di verifica.

La verifica autonoma e individuale è un'ultima fase, che tiene conto di tutto il processo di apprendimento; il percorso ha al centro le attività dei soggetti che apprendono, gli studenti nelle loro relazioni e dinamiche.

L'intero impianto metodologico risulta efficace strumento per coinvolgere in modo attivo e fattivo anche gli alunni con Bisogno Educativo Speciale, prescindendo da qualsiasi preclusiva tipizzazione. Ogni alunno, con continuità o per determinati periodi, può manifestare Bisogni Educativi Speciali per motivi fisici, biologici, fisiologici o anche per motivi psicologici, sociali, rispetto ai quali è necessaria adeguata e personalizzata risposta. L'area dello svantaggio scolastico è molto più ampia di quella riferibile esplicitamente alla presenza di deficit. In ogni classe ci sono alunni che presentano una richiesta di speciale attenzione per una varietà di ragioni: svantaggio sociale e culturale, disturbi specifici di apprendimento e/o disturbi evolutivi specifici, difficoltà derivanti dalla non conoscenza della cultura e della lingua italiana perché appartenenti a culture diverse, difficoltà derivate da un elevato potenziale cognitivo (gifted).

In presenza di alunni con Bisogni Educativi Speciali, bisogna seguire determinate procedure per attuare interventi mirati a favorire la loro completa partecipazione all'attività.

Come noto il PDP di ciascun studente con DSA raccoglie:
- la descrizione della situazione dello studente avvalendosi delle informazioni contenute nella relazione clinica;
- l'individuazione delle misure dispensative e degli strumenti compensativi adottati dal Consiglio di classe;
- le metodologie e le attività didattiche adeguate alle capacità dello studente;
- le modalità di verifica dell'apprendimento (colloqui orali, verifiche scritte, altro...);
- i criteri di valutazione adottati. Informazioni imprescindibili che indicano con chiarezza le misure dispensative e gli strumenti compensativi attivati per lo studente; le indicazioni di seguito fornite costituiscono solo esemplificazioni generiche e generali che devono comunque essere calibrate per ogni caso specifico.

Misure dispensative L'adozione delle misure dispensative è finalizzata a evitare situazioni di affaticamento e di disagio, senza peraltro ridurre il livello degli obiettivi di apprendimento previsti nei percorsi didattici personalizzati. Particolare attenzione deve essere prevista durante le lezioni, evitando la lettura ad alta voce e la scrittura veloce sotto dettatura. È particolarmente importante permettere tempi più lunghi e distesi eventualmente riducendo e distillando gli esercizi.

Strumenti compensativi L'impiego degli opportuni strumenti compensativi va introdotto curando particolarmente l'acquisizione da parte dello studente delle competenze per un efficiente e autonomo utilizzo degli stessi. Particolare importanza rivestono quindi strumenti compensativi quali:
- la tavola degli elementi semplificata;
- le registrazione per il riascolto delle lezioni;
- i file di sintesi delle lezioni o delle esperienze fatte.

Accanto alle misure dispensative e compensative sono indispensabili anche alcune attenzioni pedagogiche quali:
- individuare le attività nelle quali lo studente è più capace creando occasioni ed esperienze in grado di renderle visibili e di valorizzarle. "Ciò che il bambino può fare in cooperazione oggi, può farlo da solo domani" (Vygotskij);
- fissare obiettivi concreti e realistici, in sintonia con le capacità proprie di uno studente con DSA;
- che i gruppi di alunni siano sempre composti dai medesimi componenti. È noto che l'interazione con compagni più capaci favorisce la zona prossimale di sviluppo, definita come "distanza tra livello di sviluppo effettivo e livello di sviluppo potenziale dell'alunno ottenibile attraverso attività di problem solving svolte sotto la guida di un adulto o di compagni più capaci" (Vygotsky).

È consigliabile predisporre le schede utilizzando un font ad alta leggibilità, ciò consente di adottare quei semplici criteri che rendono più piacevole la lettura:
- testo non giustificato, con lunghezza irregolare delle righe per facilitare il passaggio da una riga all'altra e per evitare la divisione in sillabe;
- paragrafi spaziati che offrono a chi legge dei traguardi di lettura facilmente raggiungibili;
- l'uso di uno specifico carattere di stampa che garantisca la massima chiarezza e aiuti a confondere il meno possibile le lettere.

È altresì presente una sezione che propone attività per gli alunni gifted. Come è noto si tratta di allievi che, pur in possesso di più che apprezzabili doti, non riescono ad adattarsi a una metodologia di insegnamento apprendimento che schiaccia la loro creatività, blocca la curiosità intellettuale, non diversifica le metodologie e le prassi, preferendo modalità rigide, incapaci di flessibilizzare la didattica a seconda dei bisogni e delle inclinazioni personali. Questi ragazzi, i cosiddetti gifted children o "plusdotati", pur avendo potenzialità intellettive alte, possono presentare difficoltà nell'apprendimento o, più spesso, disarmonie a livello delle competenze relazionali ed emotive tali da essere scambiati con ragazzi dal potenziale basso, iperattivi o svogliati al punto da abbandonare la frequenza scolastica. Dare la possibilità a tutti gli allievi di vivere con i coetanei le proprie e le altrui differenze, evitando le condizioni di sofferenza, è l'ambizione di ogni docente.

La programmazione didattica per i gifted necessita di attività che prevedano un approfondimento dei contenuti e una mentalità flessibile dell'insegnante orientato alla complessità e non alla semplificazione. Le unità di apprendimento per competenze chiave europee (Indicazioni nazionali 2012) possono prevedere livelli di padronanza specifici, individuati a partire dai bisogni educativi specifici dei gifted ed essere impostate secondo la tipologia dell'arricchimento (si favorisce il raggiungimento dell'apprendimento significativo e dello sviluppo di abilità di problem solving) e dell'accelerazione (ritmi molto veloci oppure la programmazione di attività previste per classi più avanzate rispetto a quella in cui è inserito il bambino gifted).

Sempre a titolo esemplificativo vengono forniti suggerimenti, secondo i modelli educativi sopra indicati, per personalizzare l'attività per gli alunni a elevato potenziale.

Fasi e tempi

Le attività si svilupperanno nelle seguenti fasi e tempi.

Attività 1 – La tavola periodica degli elementi e la rappresentazione in due dimensioni degli atomi 2 ore

Attività 2 – Da due a tre dimensioni. Rappresentazione tridimensionale degli atomi 1 ora

Attività 3 – Formazione di ossidi e anidridi 2 ore

Attività 4 – Formazione di acidi e idrossidi 2 ore

Attività 5 - Formazione di sali 1 ora

Verifica 1 ora

Attività 1 – La tavola periodica degli elementi e la rappresentazione in due dimensioni degli atomi

Indicazioni per il docente

Tipologia: Lezione frontale, lavoro individuale o a piccolo gruppo e discussione di classe.

Obiettivo didattico: Utilizzare la conoscenza della struttura atomica per individuare tutti gli atomi secondo un ordine logico. Far capire come la tavola periodica degli elementi sia uno strumento utile per rappresentare gli atomi che vengono disposti secondo il numero degli elettroni in ordine crescente.

Introdurre il concetto di orbitale e la regola dell'ottetto. Avviare una riflessione sul significato delle righe e delle colonne della tavola per capire il comportamento che hanno gli elementi.

Saper disegnare in due dimensioni gli atomi principali.

Tempo: 2 ore

Attività: Con questa attività si vuole far rappresentare ai ragazzi gli atomi attraverso il modello degli orbitali. Viene spiegato loro che gli elettroni si dispongono intorno al nucleo secondo dei livelli energetici che si possono disegnare in due dimensioni come dei cerchi, come il numero degli elettroni sia uguale a quello dei protoni e che il numero dei neutroni sia ininfluente.

Il numero massimo degli elettroni contenuti negli orbitali è variabile: due nel primo e otto nei successivi.

Viene spiegato loro che è un'interpretazione semplificata, che quella reale è molto più complessa ma che questa è sufficiente per capire le principali caratteristiche atomiche.

Una volta compresa la regola di disposizione degli elettroni e quindi il significato dell'ordinamento crescente della tavola, si pone l'attenzione sul valore delle colonne stimolando la riflessione.

Atomi appartenenti alla stessa colonna hanno lo stesso numero di elettroni nell'orbitale più esterno (elettroni di valenza) e ciò ne condiziona il comportamento.

Viene illustrato così il significato dei gas nobili che si trovano nell'ultima colonna della tavola.

Durante questa attività si familiarizza con i principali elementi, si fa riferimento al loro nome che deriva dal latino e vengono memorizzati i più importanti.

In questa fase è molto importante ripercorrere insieme e confrontare le risposte, offrendo agli allievi l'opportunità di giustificare le proprie scelte, rendersi conto degli errori, prendere consapevolezza di altre strategie usate dai compagni. L'insegnante potrà anche osservare se gli alunni, sollecitati da queste attività, acquisiscono il lessico specifico della disciplina e lo impiegano con competenza.

SCHEDA ALUNNO

NOME................................ COGNOME..................... CLASSE.....................DATA.....................

Attività 1 – La tavola periodica degli elementi e la rappresentazione in due dimensioni degli atomi

1. Completa la seguente tabella individuando il nome e il numero atomico degli elementi

elemento	nome	numero atomico
Na		
Ca		
K		
C		
Cl		
O		
Al		
Mg		
H		
Si		
F		
Li		
Be		

2. Scrivi il simbolo chimico dei seguenti atomi

idrogeno		oro	
elio		ferro	
litio		piombo	
carbonio		argon	
azoto		rame	
ossigeno		alluminio	
sodio		fluoro	
zolfo		boro	
cloro		berillio	

TAVOLA PERIODICA DEGLI ELEMENTI

GRUPPO I

NON METALLI

GAS NOBILI VIII

PERIODO	I	II											III	IV	V	VI	VII	VIII
1	1 H idrogeno																	2 He elio
2	3 Li litio	4 Be berillio					METALLI						5 B boro	6 C carbonio	7 N azoto	8 O ossigeno	9 F fluoro	10 Ne neon
3	11 Na sodio	12 Mg magnesio											13 Al alluminio	14 Si silcio	15 P fosforo	16 S zolfo	17 Cl cloro	18 Ar argon
4	19 K potassio	20 Ca calcio	21 Sc scandio	22 Ti titanio	23 V vanadio	24 Cr cromo	25 Mn manganese	26 Fe ferro	2 Co cobalto	28 Ni nichel	29 Cu rame	30 Zn zinco	31 Ga gallio	32 Ge germanio	33 As arsenico	34 Se selenio	35 Br bromo	36 Kr kripto
5	37 Rb rubidio	38 Sr stronzio	39 Y ittrio	40 Zr zirconio	41 Nb nobio	42 Mo molibdeno	43 Tc tecneto	44 Ru rutenio	45 Rh rodio	46 Pd palladio	47 Ag argento	48 Cd cadmio	40 In indio	50 Sn stagno	51 Sb antimonio	52 Te tellurio	53 I iodio	54 Xe xeno
6	55 Cs cesio	56 Ba bario	57-71 Lantanidi	72 Hf afnio	73 Ta tantalio	74 W wolframio	75 Re renio	76 Os osmio	77 Ir iridio	78 Pt platino	79 Au oro	80 Hg mercurio	81 Tl tallio	82 Pb piombo	83 Bi bismuto	84 Po polonio	85 At astato	86 Rn radon
7	87 Fr francio	88 Ra radio	89-103 Attinidi	104 Ku rutherfordio	105 Db tantalio	106 Sg seaborgio	107 Bh bohrio	108 Hs hassio	109 Mt meitnerio	110 Ds darmstadtio	111 Rg roentgenio							

3. Rappresenta i seguenti atomi disegnando il nucleo e gli elettroni negli orbitali.

H	
O	
Ca	
Cl	
Na	
Li	
C	
N	
Mg	

4. Osserva le rappresentazioni che hai fatto: secondo te gli orbitali sono sempre completi? Fai un'ipotesi e scrivila brevemente qui sotto.

....

....

....

5. Secondo te atomi diversi hanno questa stessa caratteristica? Scrivi la tua risposta qui sotto.

....

....

6. La differenza tra un elemento e quello che lo segue immediatamente nel sistema periodico consiste nel fatto che l'atomo del secondo, rispetto a quello del primo, ha sempre:

- un protone e un elettrone in più

- un protone e un elettrone in meno

- lo stesso numero di neutroni

- una coppia di elettroni in meno

- solo un neutrone in più

Perché hai dato questa risposta?

....

....

7. L'elemento più elettronegativo è:

- l'ossigeno

- il carbonio

- il fluoro

- l'idrogeno

- l'elio

Perché hai dato questa risposta?

....

....

8. Nella tavola periodica come sono disposti gli elementi?

- in ordine crescente di numero atomico

- in ordine decrescente di numero atomico

- in base alla configurazione elettronica

- in ordine alfabetico

- nessuna delle altre risposte è corretta

Perché hai dato questa risposta?

....

....

9. Gli atomi di tutti gli elementi di un "gruppo" hanno lo stesso numero di:

- elettroni

- protoni

- elettroni nel guscio esterno

- neutroni

- massa atomica

Perché hai dato questa risposta?

....

....

10. Indica le corrette associazioni simbolo-elemento.

- S = Sodio, F = Fluoro, B = Boro

- Cu = Rame, Hg = Mercurio, K = Potassio

- F = Ferro, Be = Berillio, B = Boro

- B = Bromo, C = Carbonio, Au = Oro

- nessuna delle altre risposte è corretta

Perché hai dato questa risposta?

....

....

Attività 2 – Da due a tre dimensioni. Rappresentazione tridimensionale degli atomi

Indicazioni per il docente

Tipologia: Attività individuale guidata dal docente e discussione di classe.

Obiettivo didattico: Verificare utilizzando la tavola periodica e i mattoncini che gli atomi si possono rappresentare in modo tridimensionale e che il numero degli incastri si può far corrispondere al numero degli elettroni nell'orbitale più esterno.

Verificare come gli atomi che appartengono alla stessa colonna siano uguali per numero di incastri e possano essere differenziati utilizzando colori diversi. Tali atomi avranno caratteristiche simili.

Tempo: 1 ora

Attività: Questa attività vuole stimolare i ragazzi a dare forma concreta agli atomi principali attraverso il numero di valenza. I mattoncini forniti devono essere collocati sulla tavola periodica e devono essere posizionati sopra a un mattoncino particolare che assume il ruolo fondamentale di questo tipo di didattica. Consiste nella cosiddetta piastra, un mattoncino a 8 incastri di tipo basso, avente un colore unico predefinito. Gli 8 incastri rappresentano gli elettroni più esterni (dal secondo orbitale) che possono essere occupati oppure a disposizione per eventuali legami.

Se consideriamo per esempio un atomo di ossigeno posizionato su quello che chiameremo basetta, possiamo notare che ci sono 2 incastri disponibili, ciò significa che l'ossigeno cercherà uno o più atomi che possano condividere due elettroni per raggiungere l'ottetto e quindi la stabilità.

Se analizziamo un atomo di carbonio posizionato sopra la basetta abbiamo a disposizione 4 incastri disponibili per altrettanti elettroni.

I principali elementi considerati sono:

- nella prima colonna l'idrogeno, il litio, il sodio e il potassio rappresentati da un mattoncino da 1 incastro (1x1);
- nella seconda colonna il berillio, il magnesio e il calcio rappresentati da un mattoncino da due incastri (2x1);
- nella terza colonna il boro e l'alluminio rappresentati da un mattoncino da tre incastri (2x1 + 1x1);
- nella quarta colonna il carbonio e il silicio rappresentati da un mattoncino da 4 incastri (2x2);
- nella quinta colonna l'azoto e il fosforo rappresentati da un mattoncino da 5 incastri (2x2 + 1x1);
- nella sesta colonna l'ossigeno e lo zolfo rappresentati da un mattoncino da 6 incastri (3x2);
- nella settima colonna il fluoro e il cloro rappresentati da un mattoncino da 7 incastri (3x2 + 1x1);
- nell'ottava colonna il neon rappresentato da un mattoncino da 8 incastri (4x2).

Per differenziare gli elementi della stessa colonna dovranno essere utilizzato diversi colori (non necessariamente associati alle caratteristiche delle sostanze).

Può esserci difficoltà nel reperire i mattoncini con incastri di numero dispari, la soluzione è stata quella di affiancare elementi da 1 dello stesso colore a mattoncini di numero pari.

In questa fase è molto importante la valorizzazione dell'errore; la socializzazione delle risposte non deve essere finalizzata a definire ciò che è giusto e ciò che è sbagliato, ma a favorire la spiegazione, da parte degli alunni, dei percorsi di comprensione o di fraintendimento che li hanno portati a dare una certa risposta.

Particolarmente interessante sarà la messa in comune delle risposte funzionali alla esplicitazione dei meccanismi individuali messi in atto nel problem solving.

SCHEDA ALUNNO

NOME............................... COGNOME..................... CLASSE.....................DATA.....................

Attività 2 – Da due a tre dimensioni. Rappresentazione tridimensionale degli atomi

1. Disponi il kit di mattoncini in modo ordinato sul banco e tieni sotto gli occhi la tavola periodica degli elementi.

Ora compila la seguente tabella.

mattoncino	elemento
giallo	
azzurro	
verde	
blu	
bianco	
grigio	
nero	
rosso	
arancione	

Confronta ora la tua risposta con quella dei tuoi compagni.

TAVOLA PERIODICA DEGLI ELEMENTI

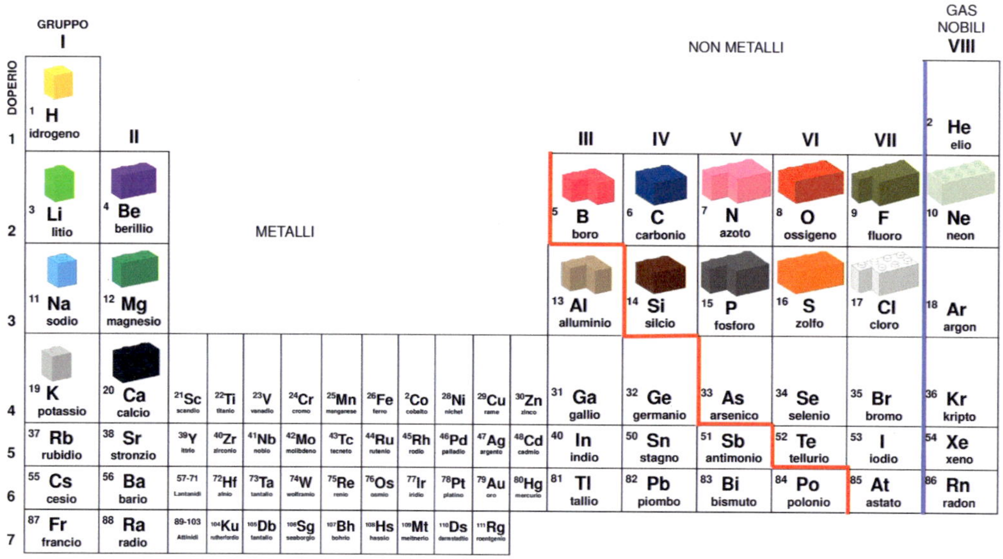

2. Utilizzando la tavola periodica scrivi di fianco al simbolo chimico il nome dell'atomo, il numero atomico e il numero degli elettroni di valenza.

K			
Ca			
S			
C			
Mg			
F			
N			

B			
O			
Na			
Ne			
P			
H			

3. Prendi una basetta bassa, osservala e rispondi:

- quanti sono gli incastri possibili?

....

- secondo te cosa rappresentano gli incastri?

....

Confronta la tua risposta con quella dei tuoi compagni.

4. Posiziona ora un atomo di ossigeno sulla basetta, osserva e rispondi:

- quanti incastri vuoti vedi?

....

- che cosa rappresentano?

....

- come potresti completare la tua basetta?

....

- quali mattoncini metteresti?

....

Confronta le tue risposte con quelle dei tuoi compagni.

5. Secondo te atomi diversi possono avere caratteristiche simili?

....

Perché hai dato questa risposta?

....

....

Confronta la tua risposta con quella dei tuoi compagni.

Attività 3 – Formazione di ossidi e anidridi

Indicazioni per il docente

Tipologia: Attività a gruppi e discussione di classe.

Obiettivo didattico: Iniziare lo studio dei composti chimici prendendo in considerazione le reazioni degli elementi principali con l'ossigeno. Individuare sulla tavola periodica gli elementi denominati metalli e quelli denominati non metalli, acquisire il concetto di ossido e di anidride.

Saper costruire una molecola avente la corretta formula chimica.

Riflettere su come il numero degli atomi coinvolti in un composto dipenda sempre da una regola precisa.

Tempo: 1 ora

Attività: Considerando gli elementi posti alla sinistra della tavola periodica come metalli, possiamo formare degli ossidi unendoli all'ossigeno.

Posizioniamo un atomo di ossigeno sopra una basetta e avviciniamo un atomo di calcio, vediamo come il calcio possa incastrarsi perfettamente sopra la basetta di fianco all'ossigeno. Abbiamo realizzato l'ossido di calcio La formula chimica CaO potrà essere "letta" osservando la molecola.

Allo stesso modo si può ottenere l'ossido di magnesio.

Se vogliamo realizzare invece l'ossido di sodio dovremo incastrare sulla basetta di fianco all'ossigeno due atomi di sodio, ottenendo così la molecola dalla formula Na_2O. Allo stesso modo costruiamo l'ossido di potassio.

Costruiamo quindi la molecola più diffusa e conosciuta: l'acqua H_2O.

Se consideriamo invece gli elementi alla destra della tavola periodica, delimitati da una linea in diagonale (non metalli), ci concentriamo sull'anidride più nota e già studiata dai ragazzi: l'anidride carbonica.

Accostando un atomo di ossigeno e uno di carbonio notiamo subito che “avanzano” due elettroni. Si lascia agli studenti la risoluzione del problema. La molecola stabile si ottiene prendendo in considerazione un altro atomo di ossigeno, facendo in modo che quei due elettroni in più del carbonio si possano legare a un ossigeno aggiuntivo formando così la molecola CO_2.

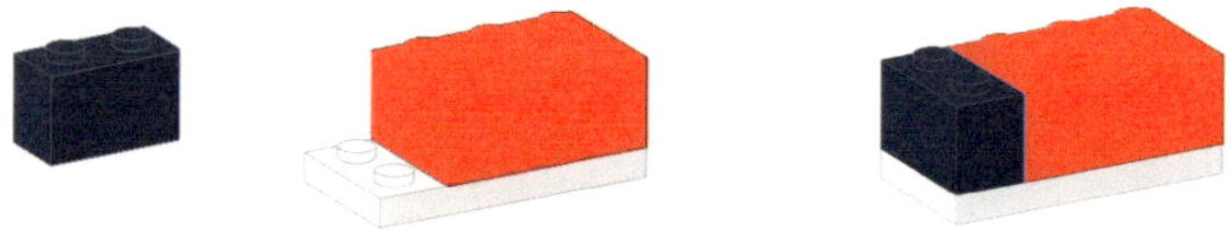

Ca + O → CaO ossido di calcio

Mg + O → MgO ossido di magnesio

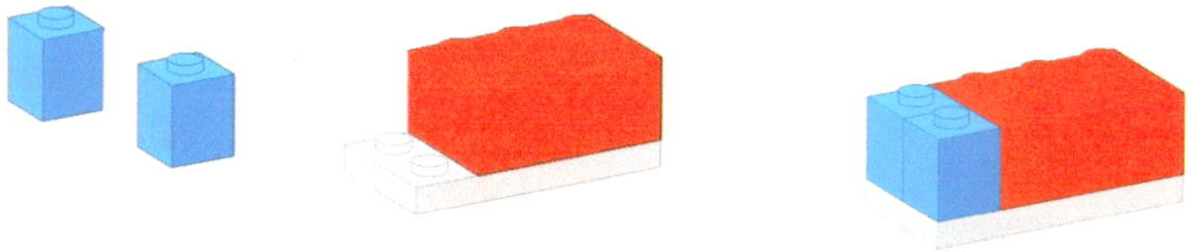

2Na + O → Na_2O ossido di sodio

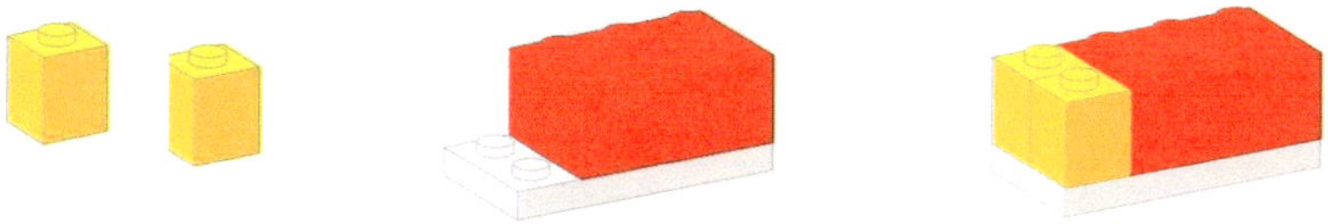

2H + O → H_2O acqua

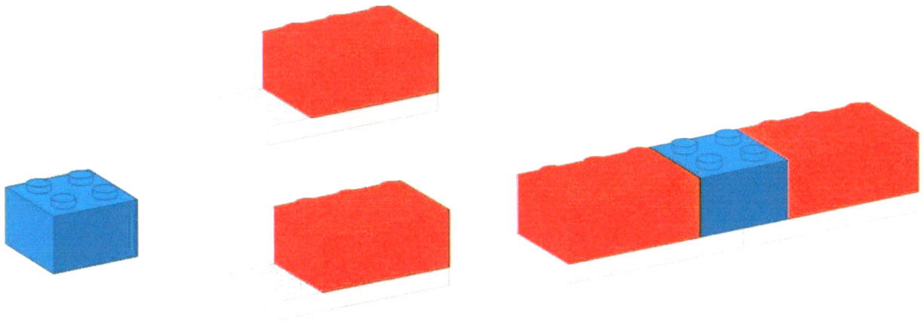

$C + 2O \rightarrow CO_2$ anidride carbonica

SCHEDA ALUNNO

NOME............................... COGNOME..................... CLASSE......................DATA.....................

Attività 3 – Formazione di ossidi e anidridi

1. Utilizzando la tavola periodica e i mattoncini, prepara delle basette con sopra l'ossigeno. Ti serviranno per formare ossidi e anidridi.
Scrivi il nome di alcuni metalli:

....

Scrivi il nome di alcuni non metalli:

....

2. Unisci il calcio all'ossigeno. Che composto di forma? Scrivi la formula e il nome.

....

Perché hai utilizzato quel numero di atomi? Spiega la regola

....

....

3. Unisci il potassio all'ossigeno. Che composto di forma? Scrivi la formula e il nome.

....

4. Unisci il magnesio all'ossigeno. Che composto di forma? Scrivi la formula e il nome.

....

5. Unisci il sodio all'ossigeno. Che composto di forma? Scrivi la formula e il nome.

....

6. Adesso consideriamo alcuni non metalli seguendo la stessa regola.
Unisci il carbonio all'ossigeno. Che composto di forma? Scrivi la formula e il nome.

....

7. Unisci lo zolfo all'ossigeno. Che composto di forma? Scrivi la formula e il nome.

....

8. Senza utilizzare i mattoncini ma solo guardando la tavola periodica scrivi il nome dei seguenti composti.

Li_2O..

P_2O_5..

BeO..

B_2O_5..

9. Indica la formula corretta della silice (anidride silicica)

- Si_2O
- SiO_2
- Si_2O_3
- Si_3O_2

10. Spiega come si forma una molecola di acqua

....

....

Attività 4 - Formazione di acidi e idrossidi

Indicazioni per il docente

Tipologia: Attività a gruppi e discussione di classe

Obiettivo didattico: Introdurre il concetto di reazione chimica tra molecole diverse.

Conoscendo le caratteristiche di ossidi e anidridi si esamina cosa succede se essi reagiscono con una molecola d'acqua. Gli ossidi si trasformano in idrossidi e le anidridi si trasformano in acidi.

Saper costruire una molecola con la corretta formula chimica unendo le basette tramite i mattoncini sovrastanti rispettando così la regola dell'ottetto. Imparare la terminologia del composto e la modalità di scrittura della formula. Apprendere l'esistenza del gruppo OH^- negli idrossidi.

Tempo: 1 ora

Attività: Prendendo in considerazione un ossido come l'ossido di calcio lo uniamo a una molecola d'acqua. Avendo appreso che si formerà un idrossido avente il caratteristico gruppo OH^-, possiamo verificare che i gruppi OH^- saranno due, uniti per rispettare l'ottetto della base dall'atomo di calcio. Si formerà così l'idrossido di calcio $Ca(OH)_2$.

Viene spiegato come scrivere correttamente la formula.

Nel caso si consideri l'ossido di sodio Na_2O e si aggiunga una molecola d'acqua si potrà notare come diversamente vengano individuate due molecole distinte, avendo un numero pari di tutti gli atomi a disposizione. Quindi si formerà l'idrossido di sodio 2NaOH.

Se consideriamo invece un'anidride come l'anidride carbonica CO_2 e la uniamo a una molecola d'acqua si formerà un composto chiamato acido, in questo caso acido carbonico H_2CO_3.

Si mostra come ci possano essere diverse disposizioni della molecola montando le basette in direzioni diverse.

Viene inoltre presentata un'altra tipologia di acidi che si realizza senza la presenza dell'acqua ma solo dell'idrogeno come nel caso dell'acido cloridrico HCl.

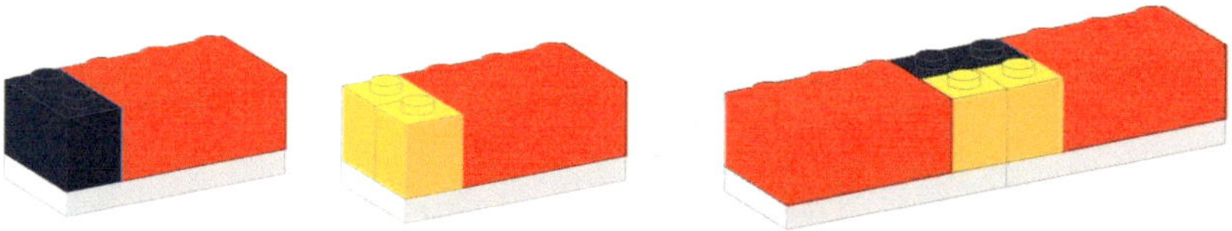

CaO + H_2O → $Ca(OH)_2$ idrossido di calcio

Na2O + H_2O → 2NaOH idrossido di sodio

CO2 + H_2O $\rightarrow$ H_2CO_3 acido carbonico

H + Cl $\rightarrow$ HCl acido cloridrico

SCHEDA ALUNNO

NOME................................ COGNOME...................... CLASSE......................DATA.....................

Attività 4 – Formazione di acidi e idrossidi

Con il kit di mattoncini e la tavola periodica costruisci alcune molecole di acqua.

1. Costruisci una molecola di Na_2O e uniscila a una molecola di H_2O. Cosa si forma? Scrivi il nome dei reagenti e quello del prodotto.

....

2. Costruisci una molecola di MgO e uniscila a una molecola di H_2O. Cosa si forma? Scrivi il nome dei reagenti e quello del prodotto.

....

3. Costruisci una molecola di Li_2O e uniscila a una molecola di H_2O. Cosa si forma? Scrivi il nome dei reagenti e quello del prodotto.

....

4. Costruisci una molecola di CO_2 e uniscila a una molecola di H_2O. Cosa si forma? Scrivi il nome dei reagenti e quello del prodotto.

....

5. Costruisci una molecola di ossido di potassio e uniscila a una molecola di acqua. Cosa si forma?
Scrivi la formula chimica dei reagenti e quella del prodotto. Come si chiama la molecola che hai ottenuto?

....

6. Costruisci una molecola di anidride solforica e uniscila a una molecola di acqua. Cosa si forma?
Scrivi la formula chimica dei reagenti e quella del prodotto. Come si chiama la molecola che hai ottenuto?

....

7. Se faccio reagire un atomo di idrogeno e uno di cloro ottengo un idracido.
Prova a costruire la molecola e confrontala con quella dei tuoi compagni.

Quale altra molecola di acido puoi realizzare unendo l'idrogeno a un altro elemento con valenza 7?

....

8) Quale reazione è bilanciata? Spiega il motivo.

$\mathbf{P_2O_5 + 2H_2O = + 3H_2PO_3}$

$\mathbf{2P_2O_5 + 3H_2O = + 2H_2PO_3}$

$\mathbf{P_2O_5 + 3H_2O = + 2H_2PO_3}$

$\mathbf{3P_2O_5 + 2H_2O = + 2H_2PO_3}$

....

....

Attività 5 - Formazione di sali

Indicazioni per il docente

Tipologia: Attività a gruppi e discussione di classe.

Obiettivo didattico: Introdurre la legge di conservazione della massa nella formazione di molecole chimiche.

Sperimentare che gli atomi delle molecole dei reagenti sono gli stessi che costituiscono le molecole dei prodotti.

Comprendere come si ottiene un sale e impararne terminologia e modalità di scrittura.

Tempo: 1 ora

Attività: Attraverso la formazione di sali, facendo reagire acidi e idrossidi, è possibile capire in maniera diretta la legge di Lavoisier che afferma che *all'interno di un sistema chiuso, in una reazione chimica la massa dei reagenti è esattamente uguale alla massa dei prodotti, anche se appare in diverse forme.*

Dopo aver costruito un acido come l'acido carbonico H_2CO_3 e un idrossido come quello di calcio $Ca(OH)_2$ proviamo a smontare le molecole con l'obiettivo di formare una o più molecole di acqua.

Vediamo che si formano due molecole di acqua mentre i restanti mattoncini si incastrano perfettamente a formare un composto denominato sale. In questo caso è il carbonato di calcio $CaCO_3$.

Se si considera invece l'acido cloridrico HCl e l'idrossido di sodio NaOH si forma acqua e cloruro di sodio NaCl

È interessante verificare che le molecole d'acqua "sparite" nella realizzazione di acidi e idrossidi riappaiono quando si forma il sale.

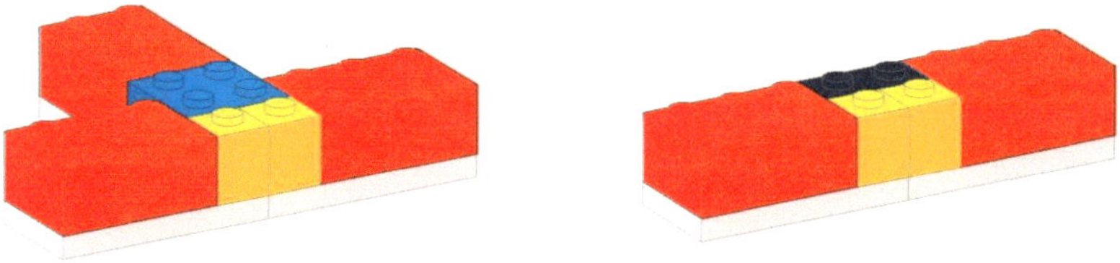

H_2CO_3 + $Ca(OH)_2$

→ $CaCO_3$ carbonato di calcio + $2H_2O$

HCl + NaOH

→ NaCl cloruro di sodio + H_2O

SCHEDA ALUNNO

NOME.............................. COGNOME..................... CLASSE.....................DATA....................

Attività 5 – Formazione di sali

1. Costruisci una molecola di H_2CO_3 e falla reagire con una molecola di $Ca(OH)_2$. Smonta i mattoncini e costruisci tutte le molecole di acqua possibili. Gli atomi rimanenti si uniscono tra loro. Scrivi il nome dei reagenti e dei prodotti con la relativa formula chimica.

....

2. Costruisci una molecola di H_2SO_4 e falla reagire con una molecola di $Mg(OH)_2$. Smonta i mattoncini e costruisci tutte le molecole di acqua possibili. Gli atomi rimanenti si uniscono tra loro. Scrivi il nome dei reagenti e dei prodotti con la relativa formula chimica.

....

3. Costruisci una molecola di H_2CO_3 e falla reagire con due molecole di **NaOH**. Smonta i mattoncini e costruisci tutte le molecole di acqua possibili. Gli atomi rimanenti si uniscono tra loro. Scrivi il nome dei reagenti e dei prodotti con la relativa formula chimica.

....

4. Costruisci una molecola di HNO_3 e falla reagire con una molecola di **NaOH**. Smonta i mattoncini e costruisci tutte le molecole di acqua possibili. Gli atomi rimanenti si uniscono tra loro. Scrivi il nome dei reagenti e dei prodotti con la relativa formula chimica.

....

5. Costruisci una molecola di **HF** e falla reagire con una molecola di **NaOH** . Smonta i mattoncini e costruisci tutte le molecole di acqua possibili. Gli atomi rimanenti si uniscono tra loro. Scrivi il nome dei reagenti e dei prodotti con la relativa formula chimica.

....

6. Costruisci una molecola di **acido solforico** e falla reagire con una molecola di **idrossido di calcio**. Smonta i mattoncini e costruisci tutte le molecole di acqua possibili. Gli atomi rimanenti si uniscono tra loro. Scrivi la formula chimica dei reagenti e dei prodotti con il relativo nome.

....

7. Costruisci una molecola di **acido carbonico** e falla reagire con una molecola di **idrossido di magnesio**. Smonta i mattoncini e costruisci tutte le molecole di acqua possibili. Gli atomi rimanenti si uniscono tra loro. Scrivi la formula chimica dei reagenti e dei prodotti con il relativo nome.

....

8. Costruisci una molecola di **acido cloridrico** e falla reagire con una molecola di **idrossido di sodio**. Smonta i mattoncini e costruisci tutte le molecole di acqua possibili. Gli atomi rimanenti si uniscono tra loro. Scrivi la formula chimica dei reagenti e dei prodotti con il relativo nome.

....

NOME.............................. COGNOME.................... CLASSE....................DATA....................

SCHEDA DI VERIFICA

1. Utilizzando la tavola periodica scrivi di fianco al simbolo chimico il nome dell'atomo, il numero atomico, il numero degli elettroni di valenza. Fai un disegno rappresentando il nucleo e gli elettroni negli orbitali.

Na				
Ca				
K				
C				
Cl				
O				
Al				
Mg				
H				
Si				

2. Nella tavola periodica come sono disposti gli elementi?

- in ordine crescente di numero atomico
- in ordine decrescente di numero atomico
- in base alla configurazione elettronica
- in ordine alfabetico
- nessuna delle altre risposte è corretta

3. Gli atomi di tutti gli elementi di un "gruppo" hanno lo stesso numero di:
- elettroni
- protoni
- elettroni nel guscio esterno
- neutroni
- massa atomica

4. L'elemento più elettronegativo è:
- il carbonio
- il sodio
- il cloro
- l'idrogeno

5. Utilizzando la tavola periodica e i mattoncini prepara delle basette con sopra l'ossigeno. Ti servirà per formare ossidi e anidridi.
a. Unisci il calcio all'ossigeno. Che composto si forma? Scrivi la formula e il nome.

....

Perché hai utilizzato quel numero di atomi? Spiega la regola

....

b. Unisci il potassio all'ossigeno. Che composto si forma? Scrivi la formula e il nome.

....

c. Unisci il carbonio all'ossigeno. Che composto si forma? Scrivi la formula e il nome.

....

d. Unisci lo zolfo all'ossigeno. Che composto si forma? Scrivi la formula e il nome.

....

6. Senza utilizzare i mattoncini ma solo guardando la tavola periodica scrivi il nome dei seguenti composti.

Li2O ....

P2O5 ....

BeO ....

7. Formazione di acidi e idrossidi

Con il kit di mattoncini e la tavola periodica costruisci alcune molecole di acqua

a. Costruisci una molecola di Na_2O e uniscila a una molecola di H_2O. Cosa si forma? Scrivi il nome dei reagenti e quello del prodotto.

....

b. Costruisci una molecola di CO_2 e uniscila a una molecola di H_2O. Cosa si forma? Scrivi il nome dei reagenti e quello del prodotto.

....

c. Costruisci una molecola di ossido di potassio e uniscila a una molecola di acqua. Cosa si forma? Scrivi la formula chimica dei reagenti e quella del prodotto. Come si chiama la molecola che hai ottenuto?

....

d. Costruisci una molecola di anidride solforica e uniscila a una molecola di acqua. Cosa si forma? Scrivi la formula chimica dei reagenti e quella del prodotto. Come si chiama la molecola che hai ottenuto?

....

8. Quale reazione è bilanciata?

$2Ca(OH)_2 + 2HCl \rightarrow 2CaCl_2 + 2H_2O$

$Ca(OH)_2 + HCl \rightarrow CaCl_2 + 2H_2O$

$Ca(OH)_2 + 2HCl \rightarrow 2CaCl_2 + H_2O$

$Ca(OH)_2 + 2HCl \rightarrow CaCl_2 + 2H_2O$

9. Formazione di sali

a. Costruisci una molecola di H_2CO_3 e falla reagire con una molecola di $Ca(OH)_2$. Smonta i mattoncini e costruisci tutte le molecole di acqua possibili. Gli atomi rimanenti si uniscono tra loro. Scrivi il nome dei reagenti e dei prodotti con la relativa formula chimica.

....

b. Costruisci una molecola di HF e falla reagire con una molecola di NaOH . Smonta i mattoncini e costruisci tutte le molecole di acqua possibili. Gli atomi rimanenti si uniscono tra loro. Scrivi il nome dei reagenti e dei prodotti con la relativa formula chimica.

....

c. Costruisci una molecola di acido solforico e falla reagire con una molecola di idrossido di calcio. Smonta i mattoncini e costruisci tutte le molecole di acqua possibili. Gli atomi rimanenti si uniscono tra loro. Scrivi la formula chimica dei reagenti e dei prodotti con il relativo nome.

....

d. Costruisci una molecola di acido cloridrico e falla reagire con una molecola di idrossido di sodio. Smonta i mattoncini e costruisci tutte le molecole di acqua possibili. Gli atomi rimanenti si uniscono tra loro. Scrivi la formula chimica dei reagenti e dei prodotti con il relativo nome.

....

10. Inserisci i termini corretti

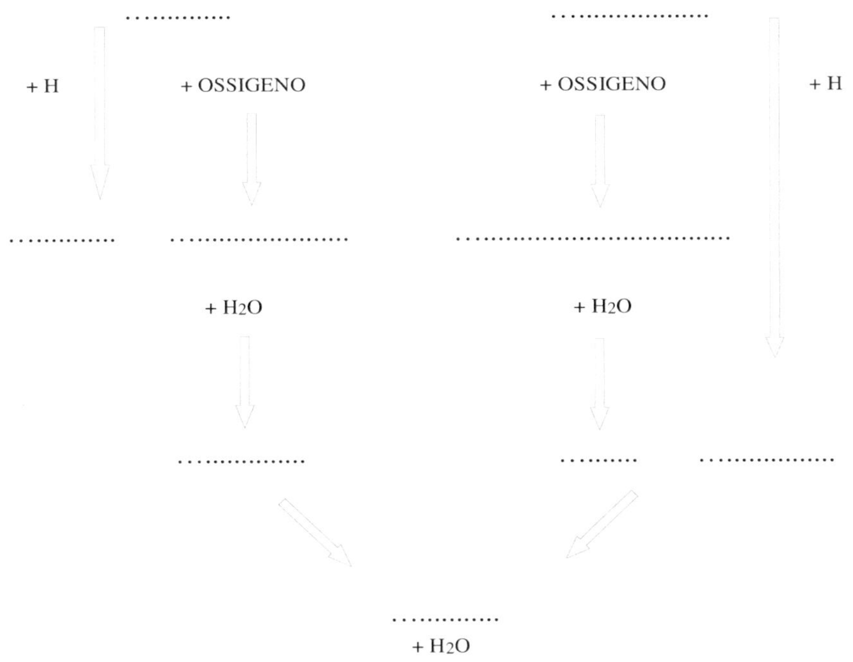

metalli - idruri - ossidi basici - sali - non metalli -
anidridi (ossidi acidi) – idrossidi - acidi – idracidi

NOME.............................. COGNOME..................... CLASSE.....................DATA.....................

SCHEDA DI VERIFICA PER OBIETTIVI MINIMI

1. Utilizzando la tavola periodica scrivi di fianco al simbolo chimico il nome dell'atomo, il numero atomico, il numero degli elettroni di valenza.

K			
Ca			
S			
C			
Mg			
F			
N			
O			
Na			
H			

2. Nella tavola periodica come sono disposti gli elementi?
- in ordine crescente di numero atomico
- in ordine decrescente di numero atomico
- in base alla configurazione elettronica
- in ordine alfabetico
- nessuna delle altre risposte è corretta

3. Utilizzando la tavola periodica e i mattoncini prepara delle basette con sopra l'ossigeno. Ti servirà per formare ossidi e anidridi.
a. Unisci il calcio all'ossigeno. Che composto di forma? Scrivi la formula e il nome.

....

b. Unisci il carbonio all'ossigeno. Che composto di forma? Scrivi la formula e il nome.

....

4. Senza utilizzare i mattoncini ma solo guardando la tavola periodica scrivi il nome dei seguenti composti.

Li2O..
P2O5 ....
BeO ....

5. Formazione di acidi e idrossidi
Con il kit di mattoncini e la tavola periodica costruisci alcune molecole di acqua
a. Costruisci una molecola di Na_2O e uniscila a una molecola di H_2O. Cosa si forma? Scrivi il nome dei reagenti e quello del prodotto.

....

b. Costruisci una molecola di anidride carbonica e uniscila a una molecola di acqua. Cosa si forma?
Scrivi la formula chimica dei reagenti e quella del prodotto. Come si chiama la molecola che hai ottenuto?

....

6. Formazione di sali
a. Costruisci una molecola di H_2CO_3 e falla reagire con una molecola di $Ca(OH)_2$. Smonta i mattoncini e costruisci tutte le molecole di acqua possibili. Gli atomi rimanenti si uniscono tra loro. Scrivi il nome dei reagenti e dei prodotti con la relativa formula chimica..

....

b. Costruisci una molecola di HCl e falla reagire con una molecola di NaOH . Smonta i mattoncini e costruisci tutte le molecole di acqua possibili. Gli atomi rimanenti si uniscono tra loro. Scrivi il nome dei reagenti e dei prodotti con la relativa formula chimica..

....

7. Inserisci i termini corretti

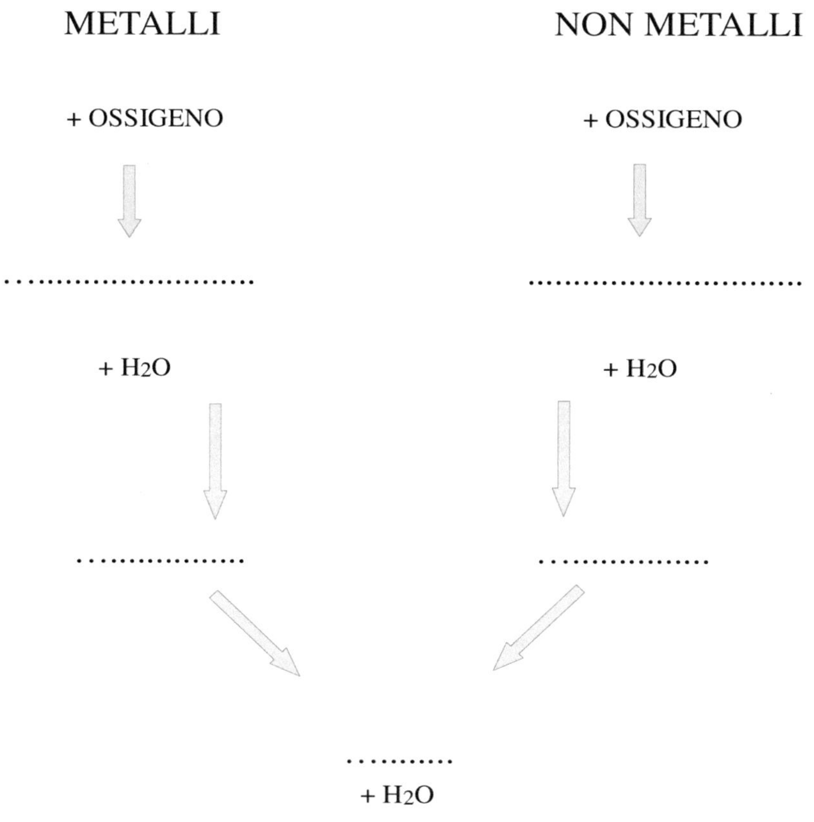

ANIDRIDI - SALI - OSSIDI – ACIDI - IDROSSIDI

Criteri di valutazione

OBIETTIVI MISURABILI	VOTO	DESCRITTORE ANALITICO
• Conosce la natura corpuscolare della materia • Conosce la tavola periodica degli elementi • Conosce il significato di legame chimico tra atomi • Conosce la legge di conservazione della massa • Descrive semplici reazioni chimiche	10	Conosce in modo ampio e appropriato i contenuti che arricchisce in modo personale; descrive i fenomeni in modo consapevole e rigoroso
	9	Conosce in modo ampio e appropriato i contenuti e descrive i fenomeni in modo consapevole
	8	Conosce correttamente i contenuti e descrive i fenomeni in modo appropriato
	7	Conosce i contenuti in modo essenziale e descrive i fenomeni in modo non sempre completo
	6	Conosce i contenuti in modo mnemonico e descrive i fenomeni in modo semplice
	5	Conosce i contenuti in modo superficiale e descrive i fenomeni in modo parziale e scorretto
	4	Non conosce i contenuti e non sa descrivere i fenomeni

Contenuti aggiuntivi per children gifted

Le seguenti attività si propongono quale esempio per quegli alunni che necessitano una personalizzazione del percorso per il raggiungimento dell'apprendimento significativo e per lo sviluppo di abilità di problem solving nei termini di una proposta arricchita e accelerata nei contenuti.

Bilanciamento delle reazioni

Non essendoci una regola precisa ma essendo necessaria logica e intuito, l'attività si presta in modo ideale per un approfondimento dei contenuti.

Le indicazioni sono:

- scrivere le reazioni dei reagenti e dei prodotti separate da una freccia, lasciando idrogeno e ossigeno per ultimi;
- contare il numero degli elementi uno alla volta e inserire gli opportuni coefficienti partendo dal valore minimo possibile;
- verificare che il numero degli atomi dei reagenti sia uguale a quello dei prodotti.

reazioni da bilanciare

$HCl + Na_2CO_3 + NaCl + H_2O + CO_2$

$CaCl_2 + Na_3PO_4 = Ca_3(PO_4)_2 + NaCl$

$Al_2O_3 + H_2SO_4 = Al_2(SO_4)_3 + H_2O$

$H_3PO_4 + Ca(OH)_2 = Ca_3(PO_4)_2 + H_2O$

reazioni bilanciate

$2HCl + Na_2CO_3 + 2NaCl + H_2O + CO_2$

$3CaCl_2 + 2Na_3PO_4 = Ca_3(PO_4)_2 + 6NaCl$

$Al_2O_3 + 3H_2SO_4 = Al_2(SO_4)_3 + 3H_2O$

$2H_3PO_4 + 3Ca(OH)_2 = Ca_3(PO_4)_2 + 6H_2O$

Strutture di molecole della chimica organica

Allo stesso modo servono doti di intuizione per costruire le molecole della chimica organica.

Proponiamo la struttura del glucosio $C_6H_{12}O_6$

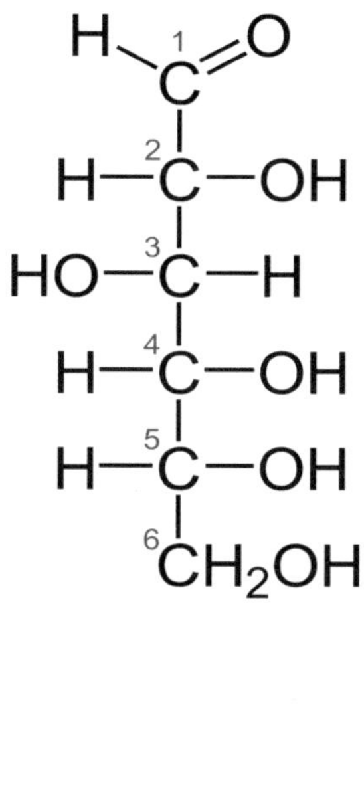

Si può costruire la fotosintesi clorofilliana a partire da anidride carbonica e acqua.

$$6\,CO_2 + 6\,H_2O \rightarrow C_6H_{12}O_6 + 6\,O_2$$

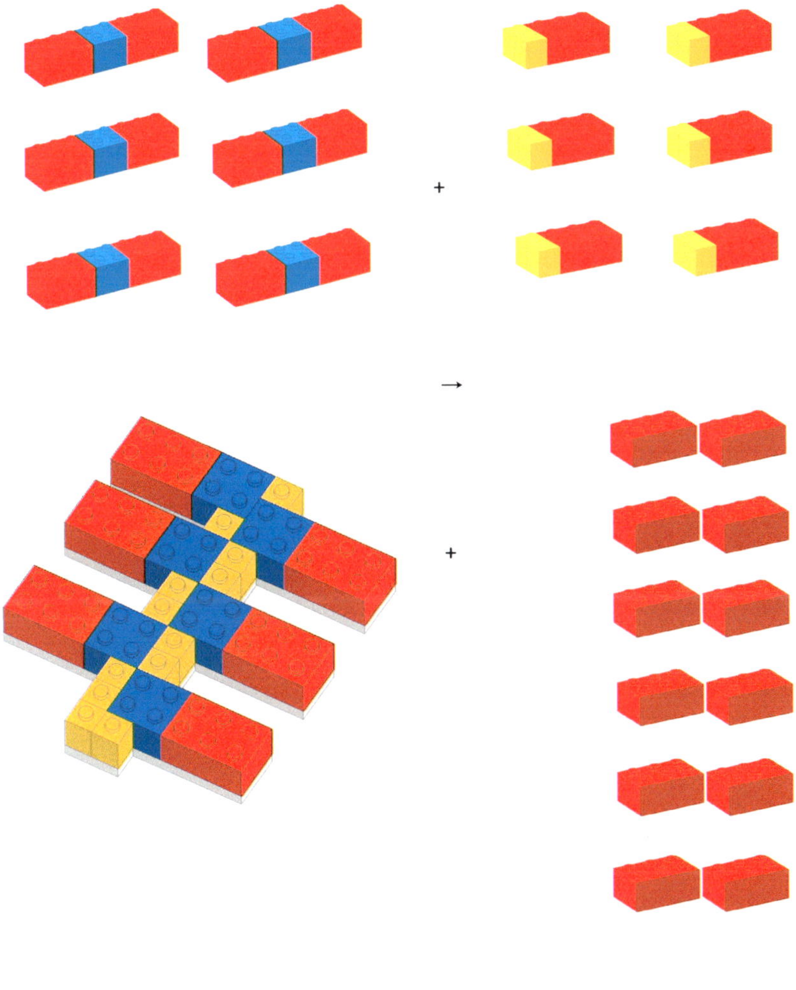

Appendice - La chimica con i mattoncini LEGO®: un esempio di didattica per competenze

L'idea di una didattica per competenze inizia a delinearsi dalla metà degli anni novanta, se ne trova menzione nel Libro bianco sull'istruzione e formazione dell'Unione Europea a cura dell'allora Commissario Europeo Edith Cresson: "In tutti i paesi d'Europa si cerca di identificare le competenze chiave e di trovare i mezzi migliori di acquisirle, certificarle e valutarle." (E. Cresson, a cura di, *Insegnare e apprendere: verso la società conoscitiva*, Commissione europea: Libro bianco sull'istruzione e la formazione - Unione Europea, Bruxelles, 1995)
Dal 2000 in Italia inizia la discussione vera e propria su cosa si debba intendere per competenza in un ambito formativo. È sicuramente interessante ricordarne le definizioni ora concordemente condivise in ambito scolastico.

Conoscenze indicano il risultato dell'assimilazione di informazioni (fatti, principi, teorie e pratiche, relative a un ambito disciplinare) attraverso l'apprendimento.
Abilità indicano le capacità di applicare le conoscenze per portare a termine compiti e risolvere problemi; le abilità sono descritte come cognitive (uso del pensiero logico, intuitivo e creativo) e pratiche (che implicano l'abilità manuale e l'uso di metodi, materiali, strumenti).
Competenze indicano la capacità di usare in un determinato contesto conoscenze, abilità e capacità personali, sociali e/o metodologiche, in situazioni di lavoro o di studio e nello sviluppo professionale e/o personale; il complesso delle competenze dà la padronanza in termini di autonomia e responsabilità.
Capacità indicano un corredo ereditario e sottintendono la possibilità in nuce di fare qualcosa; le abilità ne indicano l'applicazione a seguito di esercizio, la competenza il compimento (provvisorio) dell'intreccio di conoscenze, abilità, capacità.
A queste definizioni si aggiungono gli interessanti risultati del Rapporto finale della Ricerca DE.SE.CO. OCSE 2003.

La competenza viene definita come "capacità di rispondere a esigenze individuali e sociali o di svolgere efficacemente un'attività o un compito", avvalendosi di abilità non solo cognitive, di attitudini, motivazioni, valori, emozioni. Le competenze chiave o essenziali (*key competencies* o *core competencies*) sono quelle considerate tali, sulla base dei valori vigenti in una certa società, e quindi storicamente date, indispensabili per partecipare attivamente a più contesti e per riuscire nella vita e nella società; sono la base per continuare ad apprendere per tutta la vita, implementando il repertorio di conoscenze e di abilità per fronteggiare i continui cambiamenti in atto.
Il Rapporto prevede nove competenze essenziali raggruppate in tre categorie, anche se esse non funzionano isolatamente, ma solo per aggregati:
• Agire in modo autonomo: implica due caratteristiche interconnesse, lo sviluppo dell'identità personale e l'esercizio di un'autonomia relativa, nel senso di saper decidere, scegliere e agire in un contesto dato. Per esercitare quest'autonomia, occorre avere un orientamento rivolto al futuro, essere sensibili al proprio ambiente, capire che cosa comprende, come funziona e qual è il posto che vi si occupa.
Le competenze essenziali di questa categoria sono:
- la capacità di difendere e affermare i propri diritti, interessi, responsabilità, limiti e bisogni che permette di fare scelte come cittadino, membro di una famiglia, lavoratore, consumatore ecc.;
- la capacità di definire e realizzare programmi di vita e progetti personali che permette di concepire e realizzare obiettivi che danno significato alla propria vita e si conformano ai propri valori;
- la capacità di agire in un quadro d'insieme, in un contesto ampio che consente di capire il funzionamento del contesto generale, la propria collocazione, la posta in gioco e le possibili conseguenze delle proprie azioni.
• Servirsi di strumenti in maniera interattiva. La parola strumento è qui usata nel suo significato più ampio: strumenti cognitivi (es. la lingua), sociali e fisici (es. i computer). L'aggettivo interattivo è importante e si riferisce all'esigenza non solo di conoscere questi strumenti, ma anche di capire come questi modificano il nostro modo di interagire con il mondo, consentendoci di raccoglierne le sfide.
Le competenze essenziali di questa categoria sono:
- la capacità di utilizzare la lingua, i simboli e i testi in maniera interattiva che permette di comprendere il mondo, di comunicare e interagire efficacemente con il proprio ambiente;

- la capacità di utilizzare le conoscenze e le informazioni in maniera interattiva che permette di gestire il sapere e le informazioni, servendosene come base per compiere le proprie scelte, per prendere decisioni, agire e interagire;
- la capacità di utilizzare le nuove tecnologie in maniera interattiva che consiste non solo in abilità tecniche nell'uso della tecnologia, ma anche conoscenza delle nuove forme di interazione che questa ha reso possibili.
• Funzionare in gruppi socialmente eterogenei. In questa categoria, il punto focale è l'interazione con l'"altro" diverso da sé. Per la propria sopravvivenza fisica e psicologica, per la propria autostima, identità e collocazione sociale, l'essere umano ha bisogno, per tutta la vita, di legami con altri esseri umani. Questa categoria di competenze favorisce la costituzione di relazioni sociali e la coesistenza con persone che non parlano necessariamente la stessa lingua (letteralmente o metaforicamente) né appartengono alla stessa storia. Sono particolarmente importanti per lo sviluppo del capitale sociale.
Le competenze essenziali di questa categoria sono:
- la capacità di stabilire buone relazioni con gli altri che permette di stabilire, mantenere e gestire relazioni personali;
- la capacità di cooperare che permette di lavorare insieme e tendere a un fine comune;
- la capacità di gestire e risolvere i conflitti che presuppone l'accettazione del conflitto come aspetto intrinseco alle relazioni umane e l'adozione di un modo costruttivo per gestirlo e risolverlo.
Pare opportuno partire da questi capisaldi per fare riflessioni utili per elaborare una didattica per competenze.
Punto focale, imprescindibile per qualsiasi didattica che voglia essere efficace e per una didattica per competenze, è il concetto che il discente deve apprendere come si fa ad apprendere. Ogni insegnante deve porsi questo obiettivo e realizzarlo attraverso fasi di lavoro e di stimolo. Lo studente deve essere guidato a:
- imparare a conoscere;
- imparare a fare;
- imparare a essere;
- imparare a collaborare.
In altre parole occorre favorire nei ragazzi il senso di realtà (il rapporto tra il soggetto e il mondo, l'esserci), la capacità di affrontare l'intreccio dei problemi che si incontrano (problem solving), occorre aiutarli ad assimilare il sapere, ossia gli elementi che concorrono a trovare le soluzioni dei problemi.

Tutto questo è ben sintetizzato da Pellerey che sostiene che "la competenza è la capacità di far fronte a un compito, o a un insieme di compiti, riuscendo a mettere in moto e a orchestrare le proprie risorse interne, cognitive affettive e volitive, e a utilizzare quelle esterne disponibili in modo coerente e fecondo".

In sintesi, per competenza si intende un sapere combinatorio: intreccio di capacità (caratteristiche individuali) e di conoscenze (oggetti culturali afferenti alle varie aree di sapere); intreccio di aspetti immateriali e pensabili (valori) e di aspetti concreti e visibili (condotte, azioni).

Queste ultime vengono esercitate in contesti diversificati. Il contesto di esercizio delle competenze è uno dei fattori che concorre a individuarne il livello.

Come può dunque la scuola promuovere lo sviluppo di competenze?

Proponendo attività che:

- stimolino la responsabilità individuale nei confronti dei risultati d'apprendimento;
- sviluppino la capacità di lavorare con gli altri, promuovendo una competizione orientata a conseguire il risultato;
- si realizzino con attività di laboratorio;
- siano inclusive;
- valorizzino le varie intelligenze.

Le Nuove Indicazioni nazionali per il curricolo del 2012 recepiscono le competenze chiave per l'apprendimento permanente del consiglio europeo (2006), come riferimento per gli obiettivi della formazione di base e per l'elaborazione del profilo formativo a conclusione del primo ciclo di istruzione e pongono al centro il profilo dell'alunno, il discente.

La proposta educativa della scuola, quando recepisce le differenze negli stili cognitivi e di apprendimento dei discenti, arriva a formulare proposte didattiche creative, capaci di avanzare e giungere a traguardi considerevoli proprio perché attente a massimizzare il potenziale intellettuale degli alunni. In altre parole una proposta inclusiva che tenga conto dei differenti bisogni educativi (disabilità, disturbi specifici dell'apprendimento, ADHD, disagio economico e sociale, alto potenziale) e dei diversi tempi di apprendimento.

La chimica con i mattoncini nello specifico ha le caratteristiche per definirsi inclusiva: permette di far raggiungere a tutti gli alunni il massimo grado possibile di apprendimento e partecipazione sociale e valorizza le differenze presenti nel gruppo classe.

Le differenze sono alla base dell'azione didattica inclusiva e non vengono solo accolte, ma anche stimolate, valorizzate, utilizzate nelle attività quotidiane per lavorare insieme e crescere come singoli e come gruppo.
I compagni di classe sono la risorsa più preziosa per attivare processi inclusivi; è necessario incentivare e lavorare su collaborazione, cooperazione e clima di classe. In particolare sono da valorizzare le strategie di lavoro collaborativo in coppia o in piccoli gruppi.
L'apprendimento non è mai un processo solitario, ma è profondamente influenzato dalle relazioni, dagli stimoli e dai contesti tra pari.
Per valorizzare le differenze individuali è necessario che ogni docente ne sia consapevole e adatti i propri stili di comunicazione, le forme di lezione e gli spazi di apprendimento. Ecco perché la didattica di laboratorio favorisce e semplifica questi processi.
Inoltre, adattare significa variare i materiali rispetto ai diversi livelli di abilità e ai diversi stili cognitivi presenti in classe. L'adattamento più funzionale è basato su materiali in grado di attivare molteplici canali di elaborazione delle informazioni, dando aiuti aggiuntivi e attività a difficoltà graduale.
La scuola può e deve valorizzare il suo ambiente interno trasformandolo in un laboratorio ove sia possibile esplorare, sperimentare, esercitare le competenze così come sono state codificate dalla cultura di appartenenza e che si esprimono nelle professioni della comunità.
Questo è quanto di può realizzare con un'esperienza come la chimica con i mattoncini; la struttura di questo modulo didattico è molto semplice e trasferibile con gli opportuni accorgimenti ad altre attività e ad altre discipline.
Dopo l'analisi dei bisogni devono essere definiti gli obiettivi possibili, misurabili, da tenere sempre presenti nel corso di tutta la attività, si tratta di veri e propri obiettivi di processo che non possono prescindere dal tema che dovrà essere trattato.
Dall'analisi fatta sulla classe emergeranno quali elementi dovranno divenire centrali per sostenere la motivazione negli studenti. Le emozioni giocano un ruolo fondamentale nell'apprendimento e nella partecipazione. È centrale sviluppare una positiva immagine di sé e quindi buoni livelli di autostima e autoefficacia e un positivo stile di attribuzione interno. La motivazione ad apprendere è fortemente influenzata da questi fattori, così come dalle emozioni relative all'appartenenza al gruppo di pari e al gruppo classe. L'educazione al riconoscimento e alle gestione delle proprie emozioni e della propria sfera affettiva è indispensabile per sviluppare consapevolezza del proprio sé.

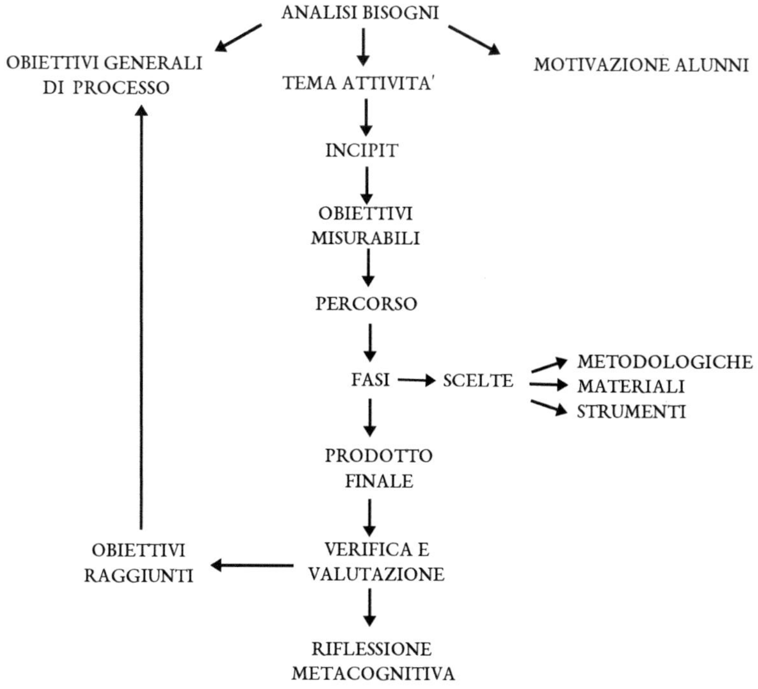

L'INCIPIT dell'attività sarà mossa da semplici ma nel contempo impegnative domande: come si può presentare l'attività e il percorso agli studenti? come potrò renderli partecipi? come potrò evitare che siano solo passivi ripetitori?

Il PERCORSO dovrà a questo punto dettagliare in modo preciso, e dunque in FASI, che cosa dovrà fare l'insegnante e che cosa gli studenti.

Dovranno essere ben chiare le scelte metodologiche, gli strumenti da utilizzare e i materiali da proporre.

La metodologia deve essere prevalentemente laboratoriale, occorrerà privilegiare il lavoro collaborativo, lo scambio di conoscenze, il confronto di strategie. A partire dalla spiegazione e dalle sollecitazioni del docente, si "impara facendo"; gli allievi, lavorando in coppia e/o in piccoli gruppi, si addestrano a una lettura operativa degli elementi in possesso in funzione dello scopo e del compito proposto, condividono ipotesi e ragionamenti, discutono e, infine, con la guida dell'insegnante, confrontano e giustificano le scelte fatte.

L'insegnante guida l'esplorazione, coordina discussione e verifica, ponendo domande stimolo e organizzando il lavoro dei diversi gruppi. Ma il lavoro principale sarà svolto autonomamente dai ragazzi, a scuola o a casa. Si raccomanda infatti di non fare uso occasionalmente di questa metodologia, ma richiedere una esercitazione costante, al fine di permettere a tutti gli alunni (in particolare a quelli più deboli) di trasformarla in un metodo efficace di lavoro.

È molto importante che l'insegnante utilizzi le schede e i materiali preparati come percorsi attivi di apprendimento per la classe e per ogni studente e non come schede di verifica. La verifica autonoma e individuale può essere un'ultima fase, come detto sopra, ma il percorso è di apprendimento e ha al centro le attività dei soggetti, gli studenti, nelle loro relazioni e dinamiche.

Quando si lavora per competenze gli strumenti per la VALUTAZIONE delle attività devono essere specifici e "costruiti" in modo adeguato.

Infatti, le competenze, per essere verificate, hanno bisogno di essere monitorate "in corso d'opera", richiedono cioè quelli che si chiamano "compiti di performance". Un compito di performance consente all'insegnante di osservare la competenza "in azione", è una prova di processo, non di prodotto come invece sono le prove tradizionali.

Nella scuola italiana oggi esistono soprattutto due approcci alla valutazione.

Il primo, più diffuso, propende per l'interrogazione orale e, nel caso dello scritto, per le domande a risposta aperta. Un secondo approccio è più vicino alla logica della valutazione delle competenze.

Esso consiste nell'adozione di prove oggettive, ovvero di strumenti di verifica che si basano sulla misurazione oggettiva e rigorosa della prestazione. È il caso delle prove a riempimento, delle domande a risposta multipla, dei test basati su domande vero/falso: si tratta di tipologie di prove in cui (a patto che siano costruite senza errori, e questo spesso non succede) la misurazione dei risultati è oggettiva.

Questo le rende comparabili e, nel parere di chi le adotta, più eque nella misura in cui mettono tutti gli studenti nelle stesse condizioni.

Con queste prove normalmente si misura il possesso dei contenuti e, tutt'al più, si desumono dal risultato le competenze che si suppone siano state impiegate al fine di produrre il risultato.

Per misurare le competenze occorre un vero e proprio cambio di paradigma: non può essere solo una valutazione terminale, occorre guardare al processo, cercare di sviluppare autovalutazione e autorientamento, deve essere proattiva e valorizzare anche piccoli progressi

La valutazione deve misurare non il risultato della memorizzazione o la capacità del ragazzo di applicare una regola, ma la sua competenza. Nel fare ciò, la nuova valutazione si lascia alle spalle la docimologia tradizionale, riconoscendosi nella proposta di Gardner, quando propone all'insegnante di sottoporre le prove che sta preparando alla prova di cinque caratteristiche che secondo lui una buona prova dovrebbe avere.

1. Ricavare informazioni da performance ordinarie
2. Semplicità, naturalità
3. Validità ecologica (usare strumenti "imparziali")
4. Multidimensionale (attivare più intelligenze)
5. Sensibile alle differenze individuali
6. Usare materiali interessanti e motivanti

A titolo esemplificativo si propongono delle griglie che possono essere adattate alle varie esigenze e costruite per la valutazione delle competenze relazionali (competenza nello svolgere attività di gruppo) e competenze disciplinari.

Scheda 1. RISPETTARE REGOLE CONDIVISE

CLASSE............DATA.................					
SCHEDA DI RILEVAZIONE OSSERVAZIONE DELLE COMPETENZE RELAZIONALI ALL'INTERNO DI ATTIVITA' DI GRUPPO					
PROFILO DI COMPETENZA		**COMPETENZE SOCIALI E CIVICHE RISPETTARE REGOLE CONDIVISE**			
COMPORTAMENTI OSSERVATI		**INIZIALE**: non è in grado di restare al proprio posto, non sempre rispetta il proprio turno, non sempre ascolta l'intervento dei compagni	**BASE:** sa restare al proprio posto, non sempre rispetta il proprio turno, non sempre ascolta l'intervento dei compagni	**INTERMEDIA:** sa restare al proprio posto, rispetta il proprio turno, non sempre ascolta l'intervento dei compagni	**AVANZATA:** sa restare al proprio posto, rispetta il proprio turno, ascolta l'intervento dei compagni
-	**ALUNNI**	**INIZIALE**	**BASE**	**INTERMEDIA**	**AVANZATA**
1					
2					
3					
4					
5					
...					

Scheda 2 COLLABORAZIONE

<table>
<tr><td colspan="6">CLASSE…………DATA……………..</td></tr>
<tr><td colspan="6">SCHEDA DI RILEVAZIONE OSSERVAZIONE DELLE COMPETENZE RELAZIONALI ALL’INTERNO DI ATTIVITA’ DI GRUPPO</td></tr>
<tr><td colspan="2">PROFILO DI COMPETENZA</td><td colspan="4">COMPETENZE SOCIALI E CIVICHE
COLLABORAZIONE</td></tr>
<tr><td colspan="2">COMPORTAMENTI OSSERVATI</td><td><u>INIZIALE</u>:
non ha un ruolo attivo nel gruppo e non presta attenzione al lavoro degli altri</td><td><u>BASE:</u>
non ha un ruolo attivo nel gruppo, a volte presta attenzione al lavoro degli altri</td><td><u>INTERMEDIA:</u>
ha un ruolo attivo nel gruppo, a volte presta attenzione al lavoro degli altri</td><td><u>AVANZATA:</u>
ha un ruolo attivo nel gruppo e presta attenzione al lavoro degli altri</td></tr>
<tr><td>-</td><td>ALUNNI</td><td>INIZIALE</td><td>BASE</td><td>INTERMEDIA</td><td>AVANZATA</td></tr>
<tr><td>1</td><td></td><td></td><td></td><td></td><td></td></tr>
<tr><td>2</td><td></td><td></td><td></td><td></td><td></td></tr>
<tr><td>3</td><td></td><td></td><td></td><td></td><td></td></tr>
<tr><td>4</td><td></td><td></td><td></td><td></td><td></td></tr>
<tr><td>5</td><td></td><td></td><td></td><td></td><td></td></tr>
<tr><td>…</td><td></td><td></td><td></td><td></td><td></td></tr>
</table>

Scheda 3. PORTARE A TERMINE IL LAVORO

CLASSE............DATA.................					
SCHEDA DI RILEVAZIONE OSSERVAZIONE DELLE COMPETENZE RELAZIONALI ALL'INTERNO DI ATTIVITA' DI GRUPPO					
PROFILO DI COMPETENZA		**IMPARARE A IMPARARE PORTARE A TERMINE IL LAVORO**			
COMPORTAMENTI OSSERVATI		**INIZIALE**: non si mette a lavorare subito dopo aver ricevuto la consegna, non rispetta i tempi di consegna	**BASE:** si mette a lavorare subito dopo aver ricevuto la consegna, ma non rispetta i tempi di consegna	**INTERMEDIA:** si mette a lavorare subito dopo aver ricevuto la consegna, non sempre riesce a rispettare i tempi di consegna	**AVANZATA:** si mette a lavorare subito dopo aver ricevuto la consegna, rispetta i tempi di consegna
-	**ALUNNI**	**INIZIALE**	**BASE**	**INTERMEDIA**	**AVANZATA**
1					
2					
3					
4					
5					
...					

Scheda 4. PROBLEM SOLVING

<table>
<tr><td colspan="6">CLASSE ....DATA...............................</td></tr>
<tr><td colspan="6">SCHEDA DI RILEVAZIONE OSSERVAZIONE DELLE COMPETENZE ALL'INTERNO DI UN'ATTIVITÁ DI GRUPPO</td></tr>
<tr><td colspan="2">PROFILO DI COMPETENZA</td><td colspan="4">N. 3.4 COMPETENZA DI PROBLEM SOLVING</td></tr>
<tr><td colspan="2">COMPORTAMENTI OSSERVATI</td><td><u>INIZIALE</u>: se guidato riesce ad analizzare e a interpretare i dati in suo possesso e prendere decisioni</td><td><u>BASE:</u> con semplici indicazioni riesce ad analizzare i dati in suo possesso e a interpretarli per prendere decisioni</td><td><u>INTERMEDIA:</u> riesce ad analizzare e a interpretare in buona parte i dati in suo possesso per prendere decisioni</td><td><u>AVANZATA:</u> autonomamente riesce ad analizzare e a interpretare i dati in suo possesso per prendere decisioni efficaci</td></tr>
<tr><td>-</td><td>ALUNNI</td><td>INIZIALE</td><td>BASE</td><td>INTERMEDIA</td><td>AVANZATA</td></tr>
<tr><td>1</td><td></td><td></td><td></td><td></td><td></td></tr>
<tr><td>2</td><td></td><td></td><td></td><td></td><td></td></tr>
<tr><td>3</td><td></td><td></td><td></td><td></td><td></td></tr>
<tr><td>4</td><td></td><td></td><td></td><td></td><td></td></tr>
<tr><td>5</td><td></td><td></td><td></td><td></td><td></td></tr>
<tr><td>...</td><td></td><td></td><td></td><td></td><td></td></tr>
</table>

Scheda di Autovalutazione dell'attività

Attività osservata
COOPERATIVE LEARNING

Rilevazione degli aspetti didattici			
	SI	**NO**	**Non previsto**
Strategie didattiche: *introduzione*			
sono richiamate le conoscenze disciplinari pregresse			
l'obiettivo e lo scopo sono comunicati in modo chiaro			
viene esplicitato il percorso come metodo di lavoro da acquisire e come fasi operative			
viene comunicato quanto ci si aspetta dagli alunni per contribuire alla lezione o per rendere efficace il lavoro			

Strategie didattiche: *svolgimento*			
gli alunni sono guidati all'esplicitazione delle procedure e strategie da utilizzare			
l'insegnante si assicura che gli alunni abbiano compreso attraverso modalità specifiche			
vengono dati utili indirizzi e stimoli per gli interventi			
gli stimoli e gli aiuti vengono differenziati in relazione alle esigenze di apprendimento degli alunni			

le domande degli alunni vengono riformulate se necessario			
evidenzia e/o richiama le strategie di memorizzazione utili			
si prevedono spazi per domande e/o interventi degli alunni			
fa puntualizzare agli alunni, al termine della lezione, ciò che hanno appreso			

Strategie didattiche: *esercitazione*			
gli alunni sono guidati durante la fase iniziale dell'esercitazione			
vengono proposte e organizzate fasi operative di lavoro in coppia, in gruppo e di confronto tra gli allievi			
il lavoro degli alunni nelle fasi di operatività viene osservato e tenuto sotto controllo			
vengono presentate occasioni e opportunità per trasferire in contesti nuovi e diversi le conoscenze e le abilità acquisite			
si prevedono spazi per le domande del singolo alunno			

Clima di classe e motivazione all'apprendere			
è suscitato l'interesse negli alunni			
è facilitata la comprensione e gli alunni sono incoraggiati			
gli spunti vengono raccolti e ricondotti all'argomento e allo scopo della lezione			
è sollecitata la partecipazione attiva di tutti gli alunni			
sono valorizzati gli interventi degli alunni			
l'errore viene colto come opportunità di apprendimento			

è attivata, indirizzata e guidata l'autovalutazione del gruppo e degli alunni			

Uso efficace del tempo			
è curata la gestione del tempo nello svolgimento della lezione			
il tempo è impiegato in modo flessibile in rapporto alle situazioni che si verificano			
viene dato tempo agli alunni di pensare			
gli alunni sono coinvolti e guidati a un uso efficace del tempo			
i ritmi di lavoro sono organizzati in relazione alle capacità di attenzione degli allievi			

Setting della classe			
il setting della classe è predisposto in modo utile al lavoro: disposizione banchi, lavagna, materiali...			
sono messi a disposizione e usati materiali pertinenti			
vengono utilizzati fonti e strumenti di diverso tipo			
le tecnologie sono utilizzate in modo funzionale all'apprendimento			
l'insegnante usa tecniche per favorire l'ascolto e mantenere l'attenzione			
Se sì, quali			
- l'insegnante modula la voce in modo da favorire l'ascolto			
- l'insegnanteraggiunge e mantiene il contatto visivo con gli alunni			

- l'insegnante si muove all'interno della classe e si avvicina a tutti gli alunni			
- l'insegnante accompagna la comunicazione con gestualità ed espressioni del volto che favoriscono l'attenzione			
Altro			

Coinvolgimento e partecipazione alunni			
fa operare gli alunni creando situazioni di confronto e collaborazione			
- su esperienze			
- su materiali			
- su ipotesi e loro verifiche			
incoraggia al reciproco aiuto			
dà indicazioni su come si gestisce un lavoro di gruppo (suddivisione dei ruoli, dei compiti, gestione dei tempi, ecc.)			
guida il processo di autovalutazione del gruppo di lavoro			
guida all'espressione di emozioni			
- fa ripensare a cosa accaduto e ne fa parlare gli alunni			
- stimola la raffigurazione di eventi e situazioni			

Comportamento degli alunni			
	tutti	la maggior parte	alcuni
gli alunni mostrano interesse			
gli alunni partecipano attivamente			
gli alunni intervengono spontaneamente			
gli alunni rispettano le regole di comportamento			

Altre osservazioni

Riferimenti normativi

Legge n. 170 dell'8 ottobre 2010 - Norme in materia di Disturbi Specifici di Apprendimento in ambito scolastico.
Decreto MIUR n. 5669 del 12 luglio 2011 - Il decreto, recante il Regolamento applicativo della L. n° 170/10 sui diritti degli alunni con disturbi specifici di apprendimento (DSA), porta in allegato le Linee-Guida.
Indicazioni nazionali per il curricolo della scuola dell'infanzia e del primo ciclo d'istruzione, 2012
Direttiva MIUR del 27 dicembre 2012 - Strumenti d'intervento per alunni con Bisogni Educativi Speciali e organizzazione territoriale per l'inclusione scolastica.
Circolare MIUR n. 8 del 6 marzo 2013 - Indicazioni operative alunni con BES.
NOTA MIUR 27.06.2013, PROT. N. 1551 - Piano Annuale per l'Inclusività - Direttiva 27 dicembre 2012 e C.M. n. 8/2013.

Riferimenti Europei

Raccomandazione del Parlamento Europeo e del Consiglio del 18 dicembre 2006 relativa a competenze chiave per l'apprendimento permanente, in: http://eur-lex.europa.eu/LexUriServ/LexUriServ.do?uri=OJ:L:2006:394:0010:0018:IT:PDF
Commissione delle Comunità Europee, Documento di lavoro dei servizi della commissione. Le scuole per il XXI secolo, Bruxelles, 11.07.2007, in: http://ec.europa.eu/education/school21/ consultdoc_it.pdf
Raccomandazione del Parlamento Europeo e del Consiglio del 23 aprile 2008 sulla costituzione del Quadro europeo delle qualifiche per l'apprendimento permanente, in: http://eur-lex.europa.eu/LexUriServ/LexUriServ.do?uri=OJ:C:2008:111:0001:0007:it:PDF
Commissione delle Comunità Europee, Comunicazione della Commissione, Europa 2020. Una strategia per una crescita intelligente, sostenibile e inclusiva, Bruxelles, 03.03.2010, in: http://ec.europa.eu/italia/documents/attualita/futuro_ue/europa2020_it.pdf

Bibliografia

Atkins P.W. e Overton T., *Chimica inorganica*, Zanichelli, Bologna 2012

Castoldi M., *Valutare le competenze*, Roma, Carocci,.2009

Comoglio M., *Educare insegnando: apprendere ad applicare il cooperative learning*, LAS, Roma 1999

Cornoldi C., *Metacognizione e apprendimento*, Il Mulino, Bologna 1995

Domenici G., *Manuale della valutazione scolastica*, Bari, Laterza, 2003

Franca Da Re, *La didattica per competenze*, Pearson, Milano- Torino 2013

Guasti L., (a cura di), *Standards di contenuto nella scuola di base*, Trento, Erickson, 2009

Lucangeli D., Iannitti A., Vettore M., *Lo sviluppo dell'intelligenza numerica*, Carocci 2007

Morin E., *La testa ben fatta. Riforma dell'insegnamento e riforma del pensiero*, Raffaello Cortina, Milano 2000

OCSE, *Valutare l'insegnamento*, Armando, Roma 1998

Pagliari M., "Programmare per obiettivi o programmare per procedure", in *Nuova Paideia*, 6, 1993, pp.15-22

Palumbo M., *Il processo di valutazione. Decidere, programmare, valutare*, Franco Angeli, Milano 2006

Pellerey M., *Educare. Manuale di pedagogia come scienza pratico-progettuale*, LAS, Roma 1999

Pellerey M., *Le competenze individuali e il portfolio*, La Nuova Italia Scientifica, Roma 2004

Perrenoud P., *Costruire competenze a partire dalla scuola*, Anicia, Roma 2003

Plessi P., *Teorie della valutazione e modelli operativi*, Brescia, La Scuola, 2004

Plessi P., *Valutare*, Trento, Erickson, 2009

Pontecorvo C., Ajello A.M., Zuchermaglio C., *Discutendo si impara*, La Nuova Italia Scientifica, Roma 1991

Rippa M., *La chimica di Rippa. Dalla struttura degli atomi e delle molecole alla chimica della vita*, Italo Bovolenta editore, Ferrara 2012

Rondanini L., (a cura di), *Valutazione formativa e portfolio*, Napoli, Tecnodid, 2007

Zanetti, M.A., *Bambini e ragazzi ad alto potenziale. Una guida per educatori e famiglie*, Carocci Faber, 2017.

TAVOLA PERIODICA DEGLI ELEMENTI

METALLI			NON METALLI				GAS NOBILI
GRUPPO I	II	III	IV	V	VI	VII	VIII
 1 H IDROGENO			 6 C CARBONIO		 8 O OSSIGENO		
 11 Na SODIO	 12 Mg MAGNESIO					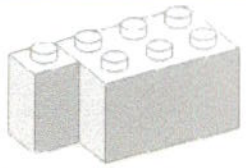 17 Cl CLORO	
	 20 Ca CALCIO						

TAVOLA PERIODICA DEGLI ELEMENTI

METALLI — NON METALLI — GAS NOBILI

DOPERIO	GRUPPO I	II											III	IV	V	VI	VII	GAS NOBILI VIII
1	1 H idrogeno																	2 He elio
2	3 Li litio	4 Be berillio											5 B boro	6 C carbonio	7 N azoto	8 O ossigeno	9 F fluoro	10 Ne neon
3	11 Na sodio	12 Mg magnesio											13 Al alluminio	14 Si silcio	15 P fosforo	16 S zolfo	17 Cl cloro	18 Ar argon
4	19 K potassio	20 Ca calcio	21 Sc scandio	22 Ti titanio	23 V vanadio	24 Cr cromo	25 Mn manganese	26 Fe ferro	2 Co cobalto	28 Ni nichel	29 Cu rame	30 Zn zinco	31 Ga gallio	32 Ge germanio	33 As arsenico	34 Se selenio	35 Br bromo	36 Kr kripto
5	37 Rb rubidio	38 Sr stronzio	39 Y ittrio	40 Zr zirconio	41 Nb nobio	42 Mo molibdeno	43 Tc tecneto	44 Ru rutenio	45 Rh rodio	46 Pd palladio	47 Ag argento	48 Cd cadmio	40 In indio	50 Sn stagno	51 Sb antimonio	52 Te tellurio	53 I iodio	54 Xe xeno
6	55 Cs cesio	56 Ba bario	57-71 Lantanidi	72 Hf afnio	73 Ta tantalio	74 W wolframio	75 Re renio	76 Os osmio	77 Ir iridio	78 Pt platino	79 Au oro	80 Hg mercurio	81 Tl tallio	82 Pb piombo	83 Bi bismuto	84 Po polonio	85 At astato	86 Rn radon
7	87 Fr francio	88 Ra radio	89-103 Attinidi	104 Ku rutherfordio	105 Db tantalio	106 Sg seaborgio	107 Bh bohrio	108 Hs hassio	109 Mt meitnerio	110 Ds darmstadtio	111 Rg roentgenio							

Made in the USA
Monee, IL
12 November 2026

68341098R00057